小学数学教学实践探索

王洪波◎著

中国原子能出版社

图书在版编目（CIP）数据

小学数学教学实践探索 / 王洪波著. -- 北京：中
国原子能出版社，2023.7
ISBN 978-7-5221-2826-9

Ⅰ . ①小… Ⅱ . ①王… Ⅲ . ①小学数学课–教学研究
Ⅳ . ①G623.502

中国国家版本馆 CIP 数据核字（2023）第 128085 号

小学数学教学实践探索

出版发行	中国原子能出版社（北京市海淀区阜成路 43 号　100048）
责任编辑	杨晓宇
责任印制	赵　明
印　　刷	北京天恒嘉业印刷有限公司
经　　销	全国新华书店
开　　本	787 mm×1092 mm　1/16
印　　张	12.5
字　　数	210 千字
版　　次	2023 年 7 月第 1 版　2023 年 7 月第 1 次印刷
书　　号	ISBN 978-7-5221-2826-9　　定　价　**72.00 元**

前　言

新课程的实施对院校人才的培养提出了挑战。如何继承我国小学教育优良传统，并在新课程环境下不断发展小学数学教育理论与实践，是一个需要长期深入研究的课题。长期以来，我国数学教育教学的实践与研究更多关注教师应当怎样"教"数学，而很少关心学生怎样"学"数学，以至于人们认为学生应当适应教学而非教学适应学生，这造成了学生学习主体性缺失的局面，严重影响甚至抑制了学生自主性、主动性和创造性的发挥。要想从根本上改善学生的学习方式，需要从学生"学"的视角来寻求数学教育教学改革的途径，需要把研究的焦点从"教什么""怎么教""教得如何"转到"学什么""怎么学""学得如何"上。深入开展小学数学教学实践研究、努力探索小学数学教与学的过程及规律、揭示小学生数学学习的心理过程和机制、探索既适应儿童心理发展规律又充分体现数学学习特点的教与学的策略和方法，是广大小学数学教师的迫切需要，也是教学理论研究人员特别是数学学科教学研究人员义不容辞的责任。

本书共七章内容。第一章为小学数学教学基本原理，具体论述了小学数学学习的理论基础、小学数学教学的理论基础和小学数学学科基础；第二章为小学数学课程具体分析，介绍了小学数学课程性质、小学数学课程改革和小学数学课程目标；第三章为小学数学教学方法与手段，主要内容包括小学数学教学方法、小学数学教学方法的选择与优化以及小学数学教学手段；第四章为小学数学教学基本技能，分别介绍了小学数学教材分析技能、小学数学课堂教学语言技能、小学数学课堂导入技能、小学数学板书设计技能、小学数学教学媒体技能、提升学生的数学素养和数学知识向初中过渡；第五章为小学数学教学设计与实施，主要内容有小学数学教学设计的基本情况、数与代数领域的教学设计与实施、图形与几何领域的教学设计与实施、统计与概率领域的教学设计与实施、综合与实践领域的教学设计与实施、课堂练习多样化设计和适合小学生的课堂游戏；第六章为小学数学教学评价研究，内容包括小学数学教学评价简要分析、小学数学教学评价的主要问题、小学数学教学评价的基本理念和小学数学教学评价的基本方法；第七章为小学数学教师专业成长，阐释了小学数学教师的专业标准、小学数学教师的专业素质、小学数学教师的反思性教学、小学数学教师科研素养的专业发展以及教师大数学观的建立。

在撰写本书的过程中，作者得到了许多专家学者的帮助和指导，参考了大量的学术文献，在此表示真诚的感谢。本书内容系统全面，论述条理清晰、深入浅出，但由于作者水平有限，书中难免会有疏漏之处，希望广大同行批评指正。

目　录

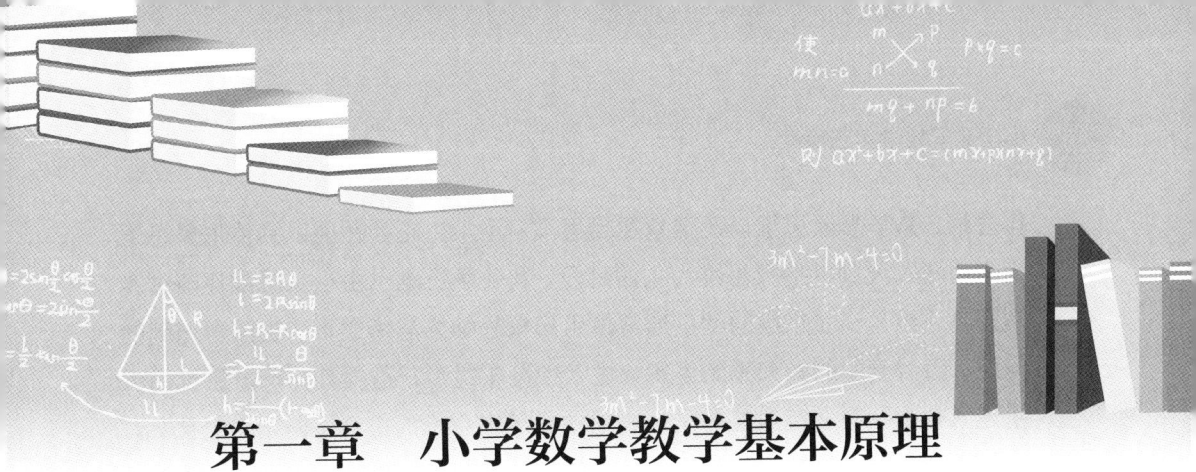

第一章　小学数学教学基本原理

掌握基础理论知识，是开展小学数学教学的基础。本章主要内容为小学数学教学基本原理，展开介绍了三方面的内容，分别是小学数学学习的理论基础、小学数学教学的理论基础以及小学数学学科基础。

第一节　小学数学学习的理论基础

一、小学生数学学习特点

一般来讲，数学学习就是思维活动开展的过程。在这个过程中，学生不仅学到了相关的数学知识，形成了数学技能，而且培育了计算、判断、推理等多种数学能力[①]。这种思维活动以"量化模式"作为具体的研究对象。对于小学数学的学习来说，"量化模式"的主要内容是数量关系和空间形式，它们与小学生的日常生活紧密相关。可以说，数学思维方面的特点是小学生数学学习的最典型特征。

（一）小学数学学习是一个逐步抽象的过程

众多心理学家对于个体的心理发展进行了大量的研究，发现人的思维具备一个从低到高的发展趋势。这个趋势大致可分为三个阶段，分别是直觉动

---

① 周玉仁. 小学数学教学论［M］. 北京：中国人民大学出版社，1999.

作思维、具体形象思维以及抽象逻辑思维。小学生正处在由以具体形象思维为主逐渐过渡到以抽象思维为主的阶段，其数学思维也由形象思维逐渐过渡到抽象思维。一二年级的学生通常使用形象思维来思考学习、生活中遇到的问题。随着学生的知识不断累积，进入中高年级后，运用具体形象思维的频率逐渐减少，与之相对应的是，采用抽象逻辑思维的机会不断增多。比如，小学生刚开始接触数学的时候，对于数学的概念比较模糊，通常采用动手操作的方式来使模糊的数学概念清晰化，学习数的运算时也需要借助具体形象的事物。到了高年级，他们的知识结构日趋系统，对数量关系和空间形式有了更加深刻的理解，能够用抽象思维来理解教师讲授的数学知识，能够根据一定的特点将事物归类，以字母表示数。当需要寻求未知数时，他们会采用方程式来进行解答。

（二）小学生数学思维具有初步的逻辑性

随着知识的逐步积累，学生的抽象逻辑思维水平不断提高。尽管在解题的过程中，学生可以根据题目的要求，科学合理地运用比较、分析、综合、推理等思维方法，但是小学阶段学生的逻辑思维的发展水平总体上并不是很高，即使到了五六年级，大多数学生的逻辑思维水平同成年人相比还有着一定的差距，在认识事物时仍以形象思维为主，难以通过事物的表象准确概括事物的本质特征。

（三）小学生数学学习具有符号化与生活化相结合的特点

小学数学侧重于向学生传授数学符号，不管是数量关系、量的变化还是空间形式都用符号来表示。运算符号、关系符号和图像符号等是小学数学的教学目标之一，由此看来，小学生数学学习本质上是一种数学符号语言的学习。小学生在学习这类带有形式化数学符号的过程中，往往要和特定的东西进行关联，特别要联系我们所熟知的生活实际。

（四）小学生数学思维发展具有不平衡性

小学生数学思维在从具体形象思维向抽象逻辑思维过渡的过程中并不是完全一致的，存在着不平衡性，具体表现在两个方面：一是学生个体的数学思维发展的时间是大不相同的，存在着个体差异性；二是思维对象的发展内容存在着差异性。例如，有的学生经常使用形象思维来解决问题，有的学生则习惯采用抽象思维；有的学生有着较强的计算能力，能够在短时间内计算出复杂的数学难题；有的学生擅长推理，能够根据已知的条件推导出未知的结论；有的学生能够将学到的知识领灵活地运用到实际生活中，多角度地考察问题、解决问题；有的学生解题思路单一，在遇到新题型时常常不知所措。

二、皮亚杰的认识发生论

瑞士心理学家皮亚杰经过多年研究，创立了认识发生论的理论体系，得出了学生的认知结构与其年龄相关的结论，即不同年龄阶段的学生认识问题的方法与层次是大不相同的。认知发展的过程并不是数量上简单积累的过程，而是认知图式不断重建的过程，认知图示就是一种思维模式，具有组织性和可重复性。因此，简单粗暴地将成人思维方式套用到儿童思维方式当中显然是不可取的。

皮亚杰将逻辑和数学的概念应用到研究中，并对儿童思维发展过程进行分析和解释。在皮亚杰看来，运演（operation）水平的高低是衡量学生认知发展水平的重要标准。心理运演具有以下四个特征：第一，运演是一种内化的动作，即人们根据需要，在头脑中想象每一个实际动作并推演出这个实际动作可能导致的结果。第二，运演是一种可逆的内化动作，比如儿童可以这样想象：先向北走 4 步，又回过头来往南走了 4 步，自身的位置不会发生任何改变。第三，运演具有守恒性。运演过程的开展以某种要素保持不变为前提，设想运演时某些要素是恒定不变的。第四，运演不是孤立存在的。任何单独的内化动作都不能称为运演，各种各样的内化动作，不可避免地包含在一起，并且按照某种规律构成整体结构[1]。

皮亚杰将学生的认知发展分为以下四个阶段。

（一）感觉运动阶段（0～2岁）

刚出生到一周岁之间的孩子被称为婴儿，感觉和动作是他们认识世界的主要手段。最初婴儿分不清什么是主体、什么是客体，在他们看来，周围的每一件事物都好像是自己身体的一部分，似乎自己的身体就是宇宙的中心，

---

① 施良方. 学习论［M］. 北京：人民教育出版社，2000.

虽然这个中心无法认识到它本身的存在[①]。幼小的婴儿身体处在发育阶段，他们可做的活动是极其有限的，相互之间缺乏协调，活动和活动之间看起来是孤立的、毫无关系的，这个活动不会对下一个活动产生任何影响。这些活动大多是对周围成年人的模仿，尚未达到内化的水平，自然不具备运演的特征。随着年龄的增长，儿童逐渐分化出模糊的主体和客体图式，知道什么是我、什么是周围的客体，其活动范围日益扩大，各种活动之间逐渐协调，能够根据活动目的对活动进行分解并安排合适的顺序、并逐渐分化出朦胧的自我和非自我的图示。这个时期儿童的活动以实物为主，通过丰富多彩的分解和联合活动，初步形成了逻辑结构；通过活动的先后顺序、物体的远近关系等初步形成了空间结构[②]。

（二）前运演阶段（2～7岁）

皮亚杰认为，儿童在2岁时的心理状态会发生重大转变，这种转变不亚于哥白尼在教会统治下提出"日心说"。也就是说，2岁之后，儿童已经对主体和客体有了清晰的认识，能够意识到他们只不过是世界的一部分，而不是世界的中心，他们的活动也不再集中于主体的身体。这个时期的儿童逐渐意识到象征功能或者符号的作用，可以借助语言、动作、手势等多种手段，对事物进行表征。这一阶段的儿童具有如下认知特点。

1. 表象依赖性

表象依赖性指儿童的认知仅能依赖于感知活动，靠特定物体表达特定静态思维。例如，对"5+3=？"的问题，必须与"我有5个苹果，妈妈又给我3个苹果"之类的事件联系在一起才能进行计算。此时孩子的大脑中并不是以抽象的数表示加法的，而是先在头脑中想象出中介物，以中介物将问题与事件联系起来进行加法运算的。

2."前概念"水平

儿童头脑中开始出现概念的意识，能够区分种类与个体，但只有通过实物，才能掌握概念，内涵和外延尚无法分开，同时儿童也无法准确指出"所有"与"某个"之间的区别。

---

① 皮亚杰. 认识发生论原理［M］. 北京：商务印书馆，2011.

② 涂荣豹，王光明，宁连华. 新编数学教学论［M］. 上海：华东师范大学出版社，2006.

3.“前关系”水平

对因果关系有了一定的认识，开始向周围人提出“这是什么”“为什么”之类的问题。他们向周围人提问只是想寻求一种合理的解释，对于因果关系的了解比较浅薄，不具有客观性意义。

4.“前运演”水平

表现为不能进行可逆性运演和传递性运演这样的思维活动，他们的思维总体上缺乏守恒性。例如，当两根长度相等的小木棍两端放齐时，他们会认为这两根木棍是同样长的，如果将其中的一根木棍向前移动一些，使它超过另一根木棍，他们就会认为这根木棍更长一点。

（三）具体运演阶段（7～12岁）

这一时期的儿童开始具备运演能力。随着年龄的增长，儿童对那些已经内化或概念化的活动，能够运用可逆性思维进行思考，从而获得运演的能力。在运演的过程中，他们会设想一些因素发生了变化，还有一些因素处于不变的状态①。但这一阶段的运演是和客体紧密相连的，需借助于特定的物体来运行。这个阶段的运演叫作具体运演，有如下几个特点。

1. 运演的可逆性

前一个阶段的儿童在开展序列活动时经常使用排除法，即用一种关系排除另一种关系。这个阶段的儿童会综合使用两种或者两种以上的关系来处理序列活动，他们能够将预见与回顾融合在一个单一的活动中，这是运演可逆性得以顺利实施的前提和基础，即他们能够理解事物之间的可逆关系，面对新题型时可以进行逆运算。例如，给一组长度不等的棍子，要求按照长短排列出来。他们通常使用逐步排除法，即从所有的棍子中先找出长度最短的棍子，之后再从剩下的棍子中找出最短的，一直这样做下去。

2. 运演的守恒性

运演守恒性的最典型特征是儿童能从整体出发来思考问题，即儿童会将事物看作一个闭合的整体，系统性地开展思维活动，具体包含三个方面：一是反身抽象，由低级结构产生高级结构，即儿童通过对单个物体进行对比，推演出局部的序列，进而大致了解事物的整体性序列；二是协调，儿童在脑

---

① 皮亚杰. 认识发生论原理［M］. 北京：商务印书馆，2011.

海中对零散的部分进行组合，连接成一个封闭的系统；三是自我调节，按照一定的规则和顺序将局部连接起来，使系统在正反两个方面都达到平衡①。

3. 运演的传递性

在具体运演过程中，传递性又是其重要特征之一，它和守恒性紧密相关。比如，甲事物等于乙事物，而乙事物又等同于丙事物，由此得出甲事物等于丙事物的结论。这是因为虽然甲、乙、丙三个事物的名称各异，但是三者之间存在着某种共同的特质，这种特质是恒定不变的。运演所具有的守恒性与传递性的特征，决定了这一阶段的孩子可以通过概括找出现象的函数关系，如光线入射角和反射角之间的关系等。

4. 运演的具体性

这一阶段儿童在运演的过程中仍然需要借助客体，具体的物体、图形是应用最为广泛的实物，他们喜欢动手操作；儿童对于公式、法则的理解尚需借助与公式、法则有联系的中介物，无法直接地领悟公式、法则所蕴含的形式化的逻辑关系。儿童对于因果关系有了朦胧的认识，能够对生活中的某些问题进行因果解释，通常借助客观物体来进行综合性的运演，同时又将运演的结果归结到客观物体中②。除此之外，儿童在运演的过程中并不是按照某一种组合原则进行的，而是一步一步进行的，也就是说这个阶段的儿童还不能够运用整体性思维。

（四）形式运演阶段（12 岁及以后）

儿童在 12 岁左右开始进入形式运演阶段，即儿童思考问题时不再依靠具体的事物，他们能够根据需求对抽象的材料进行逻辑运演。在这个阶段，学生开始理解命题这种思维对象，能够根据需要提出命题，能在假设中思考问题，由假设导出结论；他们能够同时思考几个事物，或者是从多种角度思考一个问题，对于数学知识中相对复杂的概念，能够在很短时间内理解；他们能够界定事物的概念，知道该事物与同类事物间的区别与联系；遇到超出他们认知范围内的事物，他们可以系统地、逻辑性地或象征性地进行推理③。

---

① 皮亚杰. 认识发生论原理 [M]. 北京：商务印书馆，2011.

② 同上.

③ 李士锜. PME：数学教育心理 [M]. 上海：华东师范大学出版社，2001.

三、奥苏贝尔的有意义学习

美国当代著名的教育心理学家奥苏贝尔是有意义学习理念的创始人，在奥苏贝尔看来，影响学习的最重要的因素是学生已知的内容。基于此，他建立了有意义学习理论。

（一）有意义学习的实质

有意义学习的实质是将符号所代表的新知识与学习者认知结构中已有的观念建立起联系，这种联系具有非人为性和实质性。有意义学习包含两方面的内容：（1）适当知识，是指学生认知结构中有的，且与新知识存在某种联系的那些知识。这些知识可以是学生从课堂中获取的数学知识，也可以是学生在日常生活实践中获得的其他知识和经验。（2）非人为的联系，是指数学符号所代表的新知识与原有知识之间并不是割裂的，而是存在逻辑上的继承与发展，是知识之间存在的内在的联系。例如，要使学生快速掌握乘法的概念，就需要结合之前学到的相同数字相加的知识，使学生将乘法的概念与相同数连加的概念联系起来。

有意义学习的实现需要满足以下两个条件：（1）学生在有意义学习中显示了心向，也就是说学生对于学习新知识有着强烈的渴望，显示了建立新学内容和自身原有知识联系的倾向；（2）学习内容对于学生存在潜在意义，也就是能和学生原有的知识结构相关联[1]。

（二）有意义学习的类型

1. 表征学习

表征学习就是指对多种符号意义进行研究。数学科目上的表征学习指的是将数学中专有的术语和符号作为学习对象，于脑海中将在现实生活中出现的实物与专有的数学术语、符号之间建立等值关系，这类特定的物体就成了数学名词、符号的指代物[2]。比如在学数学名词"三角形"的过程中，教师可以引导学生回忆日常生活中遇到的三条边组成的物体或者图形，如三角尺、红领巾等，这样学生能将认知结构中三角形物体的指代物与"三角形"

---

① 施良方. 学习论 [M]. 北京：人民教育出版社，2000.

② 涂荣豹，王光明，宁连华. 新编数学教学论 [M]. 上海：华东师范大学出版社，2006.

这个概念连接在一起，这个过程就是"三角形"一词的表征学习。

2. 概念学习

概念是逻辑学的专用术语，指的是某个领域内存在着共同特征所归纳出来的特定事物。比如"四边形"这个概念就是指一类和其他几何图形有明显区别的对象。同学们一旦抓住"四边形"的本质的属性，即四条线段首尾相连的封闭图形，就可以确定日常生活和学习中所见到的图形是否为四边形。概念学习的基本模式主要分为两类：一是概念的形成，指儿童通过概括找出一类对象的本质属性；二是概念同化，指儿童利用认知结构中已有的相关概念，用界定的方法揭示概念的本质属性，由此得出概念。人们普遍认为小学低年级学生的概念学习以概念形成为主，随着知识的不断积累，概念同化的比例逐年增加，到了高年级，他们的概念学习变为以概念同化为主。

3. 命题学习

有意义的命题学习是指要在儿童认知结构内，将所学命题和原有命题之间建立一种对应的关系。新学习的命题与学生已有命题之间存在以下三种关系：一是下位关系，是指新学习的内容属于已有命题的范畴。学生认知结构中有部分内涵极广的已有命题，包括新学习的命题。二是上位关系，是指新命题的概念极其广泛，学生之前学到的概念可以被归纳到新学习的内容中。三是组合关系，认知结构中的新命题和原有的概念之间既没有下位关系，也不会形成上位关系，但二者在某些关键属性上存在共同点①。

4. 发现学习

教育领域的专家学者对发现学习进行了多种角度的阐述，奥苏贝尔对于发现学习的见解同其他学者相比有着显著的差异。他认为，发现学习是指教师在传授知识的过程中并不是直接将已有的研究成果以定论的方式呈现给学生，而是要求学生对之前学到的知识重新进行排列组织，并采用灵活多样的教学方式将最终的成果纳入学生认知结构中的认知活动。根据学生掌握知识的不同阶段，奥苏贝尔将发现学习划分为三种类型：一是运用，是指把已知的命题直接转换到类似的新情境中去，我们通常称这种类型为"练习"；二是问题解决，是指学生无法把已知的命题直接转换到新情境中去，他们必

---

① 施良方. 学习论［M］. 北京：人民教育出版社，2000.

须充分调动头脑中已有的知识，采用一些策略，将新情境中的问题逐渐转换为他们已知的命题；三是创造，是指能够把认知结构中看起来关系很遥远的观念联系起来，以解决新问题，而且在认知结构中哪些命题与该问题有关，事先是不知道的，已知命题间的转换规则也是不确定的。

第二节　小学数学教学的理论基础

数学教学理论以数学教学活动为研究对象。为了提高教学质量，教师在数学教学情境中通常会采取多种教学策略，如引导学生思考、维持课堂秩序等，并通过总结有效的课堂教学活动，为教师教学提供一般性的规定或处方，进而为数学课堂的实践活动提供指导意见[①]。小学数学教学质量的提升有赖于教师了解数学教学的基本含义、基本要素与小学数学教学过程的本质特征。

一、小学数学教学的基本含义

通常情况下，所谓教育就是一种教育活动，指的是教师教学生如何去认识客观世界，然后促进其身心协调发展[②]。小学数学教学属于教学的范畴，这也就是说，它除了具备一般的教学特点之外，还具有其特殊性。数学是一门研究数量关系和空间形式的科学。在小学数学教学阶段，小学生的认识客体包含两方面的内容：一是数量关系，二是空间形式。二者都与小学生的日常生活有着密切的联系。为了使学生对二者有正确的认识，观察、计算、推理是经常采用的教学手段，最终目的是促进学生健康发展。由此可得出结论：小学数学作为一种教学活动，需要在教师的指导下进行，引导学生理解数量关系和空间形式是教学的重点内容，教学的宗旨是促进学生全面发展。了解这个定义，应注意如下几点：

第一，数学教学是数学活动的教学，这是数学教学的本质规定性，包含

---

①　涂荣豹，王光明，宁连华. 新编数学教学论［M］. 上海：华东师范大学出版社，2006.

②　裴娣娜. 教学论［M］. 北京：教育科学出版社，2007.

两方面的含义：一是数学知识并不是突然出现的，它是人们在漫长的历史进程中进行社会实践的结晶。实践活动为数学知识的形成提供了物质基础，数学知识具有逐步积累的过程性特征。二是数学知识并不是固定不变的，而是处于一定的活动状态。其中，数学知识的形成是数学家探索、发现数学的过程，这个过程始终处在某种活动状态之下。学习者学习数学知识的过程属于发现过程，这个过程会在教学活动中体现出来[①]。

第二，数学教学是促进学生发展的活动，这是数学教学的价值规定性。培养符合社会需求的人才是数学教学的出发点，也就是说，数学教学不仅要向学生传授数学知识，锻炼其数学技能，更重要的是培养学生的数学能力，提升其数学素养，引导学生运用理性思维解决工作生活中遇到的难题。数学教学活动，特别是数学课堂教学中要实现以下目标：一是激发学生学习数学的兴趣；二是引发学生的数学思考；三是培养学生良好的数学学习习惯；四是从学生的认知水平和学习能力出发，培养学生掌握恰当的数学学习方法。

第三，数学教学以数量关系和空间形式为基本内容，这是数学教学的对象规定性。我们要从两个方面进行把握：一是数学教学必须将数量关系和空间形式确定为教学的重点，所有的教学策略要围绕向学生传授数量关系知识和空间形式知识而展开，教学过程中要密切联系实际生活，引导学生去认识和发现现实生活中的量化属性与量化关系，否则就无法激发学生学习数学的内驱力，造成学生缺乏学习兴趣的不良后果。二是数量关系与空间形式并不是现实世界的特定事物，而是人类抽象思维发展到一定阶段的结果。无论是数量关系还是空间形式都不是人类的感官能直接感知到的，人们只有开动脑筋，通过比较、分类、概括、想象等思维活动才能把握这些概念，理解它们的内涵。

二、小学数学教学的基本要素

在小学数学教学中，若干因素构成了一个有机的整体，各因素之间既相互独立，发挥着各自的作用，又相互联系、相互影响。目前学术界对于数学教学的构成要素各持己见，尚未形成统一的认识，各专家学者基于不同的角

---

① 涂荣豹，王光明，宁连华. 新编数学教学论［M］. 上海：华东师范大学出版社，2006.

度有着不同的观点。从广义上讲，数学教学的构成要素包括学生、教师、教学内容、媒介、环境等。在这些因素中，学生、教师与教学内容被公认为基本元素①。

（一）学生

学生在数学学习中居于主体地位，其主体性体现为学生积极主动地参与到数学学习中，即学生在教学活动中能够充分发挥主观能动性和创新创造性，进而实现个体的成长与发展。

（1）学生是发展中的人。主要体现在以下三方面：一是学生有着不同于成人的生理和心理特点。学生的身心发展有其内在规律性，不以个人的意志为转移。随着年龄的增长，学生的生理逐渐成熟，心理的发展具有一定的顺序性和阶段性。二是学生有潜在的成长可能。学生作为生命体，有着热爱生活、积极向上的内驱力，同时他们能够在社会实践中感知到自身的不足，具有产生自我意识的潜力与可能。三是学生具有获得成人教育关怀的需要。相比心理和生理都成熟的成年人，学生是身心有待发展的主体，需要在教师的指导和帮助下参与活动，促使其主体性有效发展。

（2）学生是主动发展的人。数学教学对于学生的发展具有积极意义，这是无可置疑的，但这并不是说，在教学的过程中，教师可以教会学生如何掌握数学知识，可以教会学生提高数学能力，甚至可以教会学生形成独具个性的心理特征。事实上，数学教学无法发挥如此巨大的作用，只有学生在教师的引导下主动获得，才能养成良好的数学学习习惯，形成健康的心理。德国教育家对于教学有着独到的见解：发展与培养是无法传授或者传播给他人的，任何一个人想要享受发展与培养，就必须充分发挥其主观能动性，通过自身不懈的努力才能获得②。这就是说，学生只有发自内心地热爱学习，遇到问题开动脑筋、独立思考，才能准确把握数量关系与空间形式的概念与内涵，并将课堂上学到的数学知识应用到现实生活中，解决日常生活中的数学难题；学生只有积极主动地参与到数学教学活动中，才能在数学学习中锻炼自己，丰富自己的数学经验，拓展数学才能；学生只有将数学知识内化到自

---

① 裴娣娜. 教学论［M］. 北京：教育科学出版社，2007.
② 第斯多惠. 德国教师培养指南［M］. 北京：人民教育出版社，2011.

身的认知结构中，才能形成积极的数学情感，理智客观地看待现实世界，进而树立正确的人生观、价值观。

（3）学生是一个完整的人。学生是能动的生命体，其身心结构是一个统一的整体，他们以一个"整体的人"的身份，能动地参与学习活动并根据教学要求开展与学习有关的过程①。学生并不是盲目地参与新知识的学习，而是将之前学习经历中总结出来的成功经验和现实生活中积累的社会经验结合起来，进入到新知识的学习中。

（二）教师

教师是学生发展的促进者，在教学过程中起着传递人类科学文化知识的重大作用。教师的言传身教能够引导学生树立起良好的思想品德，锻炼学生的能力，磨炼学生的意志，使学生成为社会需要的专业人才②。教师对于学生的成长和社会的发展具有重要意义。教师承担着教书育人、培养社会所需人才的使命，经过广大优秀教师的努力，我国的国民素质不断提高，经济、文化等方面也有了前所未有的繁荣景象。小学数学教师在开展教学课程时要从学生的年龄和身心特点出发，充分考虑学生的认知差异性，尊重学生的主体地位，根据小学生好奇心强、求知欲旺盛的特点创设生动活泼的教学情境，不断学习先进的教学方法，发挥多媒体技术在教学中的积极作用，激发学生的学习兴趣，引导学生养成自主学习、探究学习的习惯，进而实现学生的全面、健康发展。

（1）教师是学习的组织者。教师的"组织"作用主要体现在两个方面：第一，教师要深刻理解教学实质，准确把握教学内容，结合学生实际，明确教学目标，将教学目标与学生的情况有机地融合起来，设计一个既能实现教学目标又能提高学生数学能力的教学方案；第二，在教学活动中，教师要站在促进全体学生发展的高度，尊重学生的个体差异性，灵活采用小组合作、自主探究等多种教学方式，层层深入，优化教学过程，努力营造师生互动的课堂氛围，实现课堂教学效果的最大化。

（2）教师是学习的引导者。教师的"引导"作用主要体现为教师要根据

---

① 陈佑清. 教学论新编［M］. 北京：人民教育出版社，2011.

② 顾明远. 教育大辞典（增订合编本）［M］. 上海：上海教育出版社，1998.

教学目标设置恰当的问题，因势利导地向学生提出问题，引导学生进行思考，激发学生的求知欲；教师要及时对之前学过的知识进行归纳，使学生理解知识，在讲解新知识之前，要充分发挥示范作用，引导学生建构知识体系；教师要关注学习能力的差异，针对不同层次的学生设置不同程度的问题，鼓励成绩优异的学生挑战有难度的问题，引导成绩不够理想的学生回答基础性问题，使全体学生都以饱满的热情参与到学习活动中。

（3）教师是学习的合作者。教师与学生的"合作"主要体现为教师尊重学生，一视同仁地对待每一位学生，站在学生的角度设计教学方案，鼓励学生积极参与教学活动；当学生遇到难以解决的问题时，教师启发学生共同探索，通过师生合作的方式解决难题，分享解决问题后的喜悦。

（三）教学内容

教学内容是教学活动的素材和工具，是教师与学生共同活动的对象。数学教学活动的开展离不开数学教学内容的支持，数学教学目标的实现也离不开数学教学内容的依托。对于数学教学内容，《标准》中有着明确的规定，指出课程内容要从学生的认识规律出发，不仅要反映数学的特点，而且要体现社会发展的需求。传统教育观念下的数学教学内容侧重于向小学生传递抽象复杂的数学知识，伴随着知识经济时代的到来，这种教学观念已然不适应时代要求，教学内容也与社会发展相脱节。现代教育理念指导下的课程内容在组织上要处理好以下三方面的内容：

（1）过程与结果。传统数学教学中倡导"双基"，即基础知识和基本技能。随着社会经济的发展，传统教学观念已然滞后于社会需求，基于此，新课标提出了"四基"，也就是在基础知识和基础技能上增加了基础思想和基本活动经验这两项。其中，基础知识与基本技能是一种显性的结果性知识，教师可以通过测验来判断学生是否掌握了数学术语和数学公式。而基本思想和基本活动经验则是一种隐性的过程性知识，具有动态性，强调学生体验的过程，教师无法用定量分析法来衡量学生的基本思想和基本活动经验。就数学教学而言，学生掌握知识和技能固然重要，学生在习得知识和技能过程中所获得的体验也是不能忽视的，它是数学的本质，表征着知识的产生与发展以及数学思想、方法。

（2）直观与抽象。从本质上来说，数学的研究对象是抽象的东西，但是这些抽象的东西并不是现实世界的产物，而是人类通过思维活动创造出的抽象的概念[①]。可以说，抽象性是数学的本质特征之一，也是数学区别于其他科目的典型特征。数学内容以符号、公式以及必要的形式化的处理等方式呈现在人们眼前，虽然其他学科的课程内容中有时也包含符号、公式，但是数学课程内容中的符号和公式的数量要远远超过其他学科。虽然数学课程在内容展示上具有抽象性特征，但是在组织数学内容时要充分考虑学生的身心特点，要从学生学习数学的心理适应性出发，采用恰当的直观性手段。例如，在组织有关几何图形的数学教学时，要根据小学生具体形象思维为主的特点，充分利用图形所具有的几何特性，将复杂的数学对象简明化，激发学生学习数学课程的积极性和主动性。直觉思维是小学阶段的学生应用最为频繁的思维方式，要科学地组织教学内容，激发学生的直觉思维，使他们获得数学猜想。

（3）直接经验与间接经验。学生通过教学活动获取知识的过程是间接经验积累的过程。一方面，学生通过教师教授数学知识、自己预习教材等方式得到的数学知识都是经过前人验证的知识，即学生的数学学习主要以一种间接的方式来获取，学生通过这种方式逐步将前人的数学知识纳入到自己的知识体系中，形成数学经验。另一方面，当代数学教育理论认为，尽管学生获取到的都是间接经验，但是学生学习数学的过程有赖于自身积极参与数学教学，只有将自身的直接经验同课程中的知识有机地联系起来，才能主动地构建认知结构。具体表现为虽然教师教授的内容是相同的，但是有些学生能够很快理解书本中的知识，而有些学生却很难理解这些知识。这是因为学习能力强的学生将自身的生活实际同课程内容结合起来，以自身的直接经验为基础，将直接经验与书本中的数学间接经验结合在一起，进而形成了自己的感悟，让自己真正地理解了数学意义。因此在数学学习中，学生在学习数学间接经验的同时也要有意识地联系自己的直接经验，打好知识基础，掌握学习方法，提高自身的数学素养。

---

① 史宁中. 数学思想概论——数量与数量关系的抽象［M］. 长春：东北师范大学出版社，2008.

第三节　小学数学学科基础

数学有着悠久的历史，是一门充满生机与活力的学科。数学对于个体的成长与发展有着深远的意义，各个国家都对数学教育给予了高度的重视。纵观数学教育的发展历程，可以发现，数学贯穿义务教育阶段的始终，即使到了高等教育阶段，有些学科仍然要求学生学习数学。毫不夸张地说，数学是每一个受教育者需要学习时间最长的学科之一。在数学教学活动中，数学具有多种属性，从数学教学本身来说，数学是学习活动开展的载体；从学生的学习情况来看，数学是学习者所要认识和把握的客体；从教学过程来看，数学又是教师进行教育的媒介。教师教学质量的高低有赖于他们是否真正理解数学对象的特点和价值，是否深刻认识到数学这门学科对于个人和社会的重要性，即教师所具有的数学观直接影响着数学教学设计的内容与质量。

一、关于数学本质的认识

数学有着极其丰富的内涵。从古至今，诸多数学家、哲学家等从多个角度对数学进行了缜密的研究，特别是对数学的本质给予了高度的关注，得到了多种多样的结论。数学的本质就是解决"什么是数学"这个问题，或者还可以说"数学是什么"。基于不同的研究角度，社会各界学者有着不同的见解，目前尚未形成一个统一的说法。相对而言，以下三种说法有着较大的影响力。

（一）数形说

数形说的代表人物是古希腊著名哲学家亚里士多德，他也是历史上给数学下定义的第一人。在亚里士多德看来，数学就是量的科学。19世纪下半叶，恩格斯在亚里士多德的基础上对于数学的定义进行了扩展：数学是研究数量关系和空间形式的科学。这个定义得到了我国大多数学者的认同，教育部门出版的数学教科书就采用了该定义。新课标对于数学这门学科进行了全面的解读：数学在人类历史上可谓源远流长，在漫长的历史进程中，数学这门古老的学科不断繁衍，产生了众多的分支，今天现代数学已然是一个庞大的知识系统，几何、代数等分支都属于数学的范畴。但是无论数学在历史进程中如何转变，"数"与"形"始终是数学的核心内容，所有的知识都围绕着这两个基本概念而发展；数学在各个领域中发挥着日益突出的作用，而"数"与"形"这两个概念是所有行业应用数学的基础。

值得注意的是，这里所说的数量关系与空间形式并不仅仅指客观世界中的数量关系和空间形式，而是涉及所有可能的数量关系和空间形式。这些数量关系和空间形式有的来源于现实世界，有的是数学发展过程中经过自身逻辑的缜密运算而得到的思维产物，它们都属于数学。对于小学数学教学而言，数学的本质就是从学生熟悉的现实世界出发，引导学生认识客观世界中的数量关系与空间形式。

（二）思维说

数学界流传着这样一句习语："数学是思维的体操。"20 世纪 40 年代著名数学家柯朗对于数学的概念进行了如下界定：数学是人类思维的一种表达形式，人们通过数学来展示其积极进取的意志、缜密周详的推理，通过数学来追求完美的境界。数学由三对基本要素构成，分别是逻辑和直观、分析和构作、一般性和个别性。"什么是数学"这个问题不仅仅是专家学者所要解决的问题，普通人同样需要面对这个问题，而想要解答这个问题，不需要高深艰涩的哲学知识，活生生的数学经验就是回答该问题最好的工具。数学的本质就是要放弃对"终极真理"的认识，从普通人可以观测的事实出发，将它们作为数学概念和组成数学要素的最终根源。

人类从社会实践中产生的经验是数学产生的基础，而数学是人类思维的一种表达形式，数学的研究对象并不是虚无缥缈、无法被人类所认知的事物，而是人类可以观察到的客观事实，对于数学本质的探索需要放弃对"终极真理"的追求。人类运用大脑开展思维活动，进而产生了数学，数学知识并不是绝对正确、不可更改的真理，也不是现实世界纯粹客观的反映，而是人们头脑中形成的对于客观世界的一种解释，或者说是一种假设，这种解释或假设并不是一成不变的，而是不断变革、发展的。人们对于客观世界认识程度的不断加深是推动数学发展的原动力，当人类的认识上升到某一阶段，甚至会出现新的解释和假设。

荷兰数学家对于数学的本质进行了这样的解释：数学从本质上来说就是

人类通过开展思维活动，构建各种思维模式，人们可以根据自身的需要选择恰当的思维模式[①]。例如，对于想解决未知数问题的人来说，方程是最佳的选择模式；对于想解决变量问题的人来说，函数这种思维模式可以帮助他们。由此可知，数学活动的本质就是一种思维活动，学习数学的过程就是应用数学思维思考的过程。人们在学习和生活中如果遇到难题，可以选择使用数学的思维方式去思考问题的根源，进而找出解决方案。

（三）模式说

随着科学技术的迅猛发展，数学领域的新方法、新理论不断涌现，数学模式观开始兴起。英国数学家怀特海是该理念的代表人物，他对模式说进行了解释：模式是数学的本质特征，是从个体、普遍的中抽象出来的概念。模式说得到了国内部分学者的认可，他们认为数学是通过模式建构的，且模式是一种量化模式，具有普适性，是一种事物关系结构的数学形式[②]。

"量化模式"包含两方面的内容，一是数量关系方面的模式，二是空间形式方面的模式。按照结构的不同，模式可分为两种形式，一种是属性模式，另一种是关系模式。其中，属性模式属于"一元判断"，关系模式属于"二元或多元判读"。比如，数学中的自然数、素数等概念属于属性模式的范畴，而方程、勾股定理等属于关系模式的范畴。

二、数学的教育价值

数学作为一门学科，在提高学生的素质、促进学生的和谐发展中发挥着独特的作用。根据对数学本质的认识以及数学本身的特点，可以归纳出数学的四大教育价值。

（一）科学教育价值

数学中所蕴含的符号、公式为其他科学的发展提供了语言和方法，在掀起改革浪潮的重大科学技术中都可以发现数学的踪影。不同的学科认识世界的角度是大不相同的，音乐是从声音的角度去认识世界，舞蹈是从视觉的角度去发现世界的美，而数学则引导我们从数与形的角度去认识世界。相比其

---

① 弗赖登塔尔. 作为教育任务的数学［M］. 上海：上海教育出版社，1995.

② 徐利治. 徐利治论数学方法学［M］. 济南：山东教育出版社，2000.

他学科，数学更加理性，能够更加客观、精确地认识世界，同时能够对世界未来的发展做出一定的预测。数学最显著的作用便是帮助人们树立理性的思维，通过长期的数学训练，人们的逻辑思维能力会得到大幅度提高，这一点是其他学科难以企及的。当遇到有一点难度的问题时，学习过数学知识的人能够很快冷静下来，寻找问题的突破口，而从未学过数学的人可能需要花费更多的时间才能找到解决问题的方法。也就是说，数学最重要的作用是教给人们如何进行有效思考。国际数学教育委员会对于数学的作用给予了很高的评价：数学是训练"推理"能力的最佳学科，教会人们思考是数学课程在世界各国普遍开设的根本原因[①]。

在小学数学教学中，要突出学生数学理性思维的培养，使他们从小就养成数学思考的意识，学会数学的思考，改善他们的思维品质，启迪他们的科学创新意识，增强他们发现问题、提出问题、分析问题和解决问题的能力。

（二）应用教育价值

数学是人类认识世界、改造世界的有力工具，这一点是毋庸置疑的，从它产生的那刻起，人们就将这门学科应用到社会实践中。伴随着社会经济的发展，学科之间的交融日益突出，数学也开始向其他学科渗透，物理、化学等之前与数学有联系的学科同数学的关系日益紧密，美术、舞蹈等之前与数学毫无关系的人文学科中也逐渐出现了数学的踪影。学科"数学化"的趋势越发明显，这可以说是大势所趋。因此数学教育应该加强理论联系实际，让学生深刻意识到数学的工具性作用，引导学生遇到问题时运用数学思维去思考问题、解决问题；通过数学教育，让学生意识到数学活动的本质是建立可以应用到社会实践中的思维模式，在向学生传授数学知识的同时培养他们应用数学的意识。

数学应用意识是指人们在生活或者学习中遇到难题时，用数学的眼光来看问题，以数学的思维去观察问题的特征，分析问题产生的原因，并运用数学的方法来解决问题。数学应用意识是人们面对问题时不轻言放弃的心理倾向和积极寻求解决方案的思维反应。在小学数学中，教师要将学生熟悉的日常事物应用到教学中，帮助学生树立数学的概念，理解数学的原理，创造和

---

① 郑毓信，王宪昌，蔡仲. 数学文化学［M］. 成都：四川教育出版社，2001.

谐的课堂氛围，引导学生使用数学的方法解释现实世界中的现象。现实生活中蕴含着大量的数学知识，教师要将教学内容与学生的日常生活联系起来，指导学生学习数量与图形的知识，并将这些具体形象的问题抽象成数学问题，培养学生的数学意识。受传统教学观念的影响，很多教师认为数学知识的来源是不重要的，学生只需要记住数学公式就可以直接应用了，因此在教学过程中侧重于向学生介绍数学公式和结论，这就导致学生虽然记住了数学公式，但是却不明白这些公式是怎么得到的，又该如何应用。现代教学理念下，教师要改变这种教学方式，在向学生介绍抽象的数学公式时，注意向学生讲解公式的来源并让学生掌握公式的应用方法。

（三）人文教育价值

数学是社会文化的产物。数学的发展历程可以追溯到远古人类的结绳计数，数学在人类的发展历程中发挥着举足轻重的作用。计算机领域的发展离不开数学，地理勘探事业需要用到数学知识，天文探索领域也离不开数学，可以说，各行各业的发展都有赖于数学体系。在人类发展的历史长河中，诞生了众多著名的数学家，他们的数学思想的诞生和发展为人文学家的创作提供了优质的素材。英国科学家对数学思想的人文价值给予了高度评价：科学思想发展的故事具有极强的艺术魅力，能够给人以启发和联想[1]。在小学数学教学中，教师要深刻意识到数学人文价值的功能，在向学生介绍抽象的数学公式或符号时要介绍发明该符号或者推演出该公式的数学家，阐述该数学家创造符合或者推演公式过程中的趣闻轶事，普及有关数学符号起源的知识，介绍声名远播的数学大家以及他们的数学思想，以此激发学生学习数学的兴趣，使学生明白数学是人类智慧的结晶，数学符号凝结着人类的心血和意志，数学的发展离不开数学家的辛勤劳动和无私奉献，对陶冶学生的情操、树立正确的人生观、价值观有着积极意义。例如，我国古代产生了光辉灿烂的数学成就，教师在数学教学活动中适当地介绍这些成就，不仅可以让学生了解中国传统数学的价值，而且可以激发学生的民族自尊心。

（四）美学教育价值

在英国哲学家看来，数学的价值是难以估量的，数学是真理的代表，而

---

① 李文林. 数学史概论［M］. 北京：高等教育出版社，2002.

且数学思想中蕴含着崇高的美。英国数学家同样高度赞扬了数学的美学价值：美是数学最重要的标准，数学是完美的，不美的数学是不存在的[①]。这就要求教师在教学过程中要充分挖掘数学的美学价值。有关研究表明，长期接受数学美学教育的学生具有强烈的好奇心和高尚的审美情趣，同时开展数学美学教育有助于培养学生积极进取的精神和乐观的生活态度。

数学美最为典型的特征就是简洁美，这是因为数学的本质特征就是追求简单。数学符号是数学简洁美的集中体现。数学中蕴含着大量的符号，不管是自然数还是分数，不管是整数还是小数，不管是整数还是负数都用符号表示。除此之外，数学中还有着大量的运算符号、关系符号，这些符号无不体现了数学的简洁性。在小学数学教学中，要注重理论联系实际，要运用丰富多彩的教学策略，使学生真切感受数学的简单性。

---

① 张顺燕. 数学的美与理［M］. 北京：北京大学出版社，2004.

第二章　小学数学课程具体分析

随着改革开放的不断深入，社会对于人才提出了更高的要求，小学数学课程性质和课程目标也在不断地发展着变化。市场经济体制下，小学课程目标日趋多元化。本章内容为小学课程具体目标分析，介绍了小学数学课程性质、小学数学课程改革和小学数学课程目标。

第一节　小学数学课程性质

一、数学学科的特征

一般认为，数学学科具有抽象性、精确性和广泛性等三个基本特征。

（一）抽象性

数学最基本的特征之一便是抽象性。除了数学之外，物理、化学等学科同样具有抽象性。虽然这些学科同样具有抽象性的鲜明特征，但是数学的抽象性与其他学科还是有着显著差别的，其他学科的抽象性或多或少地保留着事物的其他方面属性，而数学则是完全舍弃了其他方面的属性，只是将数学关系和空间形式从事物中抽离出来，或者提炼出事物的量化模式。数学的抽象性具体表现在以下方面：

一是数学对象的抽象性同地理、生物等学科的抽象性有着明显的不同。地理、生物这些学科都以客观世界中存在的具体物质为研究对象，研究的是物质的性质以及物质的运动形态；数学的研究对象与这些学科截然不同，数学的研究对象并不是存在于客观世界、能被人的感知系统感觉到的具体物质，而是人脑的产物，是人类运用逻辑思维将存在于客观世界中的规律抽象出来的一种量化模式。例如，小学数学中的"九九表"就是抽象数字的乘法，现实生活中并不存在草莓的数目乘以草莓的价钱这样的乘法。又如，太阳、月亮虽然是现实世界客观存在的产物，但是客观世界并不存在"圆"这个概念，数学中研究的圆是人类从客观世界中总结出来的抽象概念，是人脑思维的产物。

二是数学理论的抽象性涉及许多不同领域的问题，从表面上看，这些问题似乎是完全不同的，但是我们认真归纳后可以发现，这些问题可以用同样的数学语言表达出来，可以用相同的量化模式来刻画。这是因为这些问题具备相同的量化关系，自然可以采用同一个量化模式。例如，"总数＝份数×每份数"这个量化模式的应用范围就极为广泛，行程问题中想要求路程的多少就可以用这个量化模式，即路程＝速度×时间；商品买卖中的总价的多少也可以用这个量化模式来表示，即总价＝单价×数量。总之，量化模式所具有的抽象性特征，使之能够被应用在不同的领域。

三是数学方法的抽象性。所谓方法指的是数学处理自身对象的办法，数学方法与抽象思维有着密不可分的关系。抽象思维是一种高级的思维过程，指的是人类通过对事物进行认真的观察，开动脑筋，抽取出同类事物中最本质的特征，对于事物中非本质的属性进行舍弃的过程[①]。在数学思维过程中，常用的抽象方法有两类：一是弱抽象方法，是指人类对现实世界中的事物进行分析，发现同类事物中有某些共同点，将这些共同特征抽离出来，对于其他并不相同的特征予以舍弃，进而形成新的数学概念的过程。二是强抽象方法，是指随着人们认识的不断深化，将新的量化属性添加到已有的数学结构中，进而形成新数学概念的过程。例如，人们认识到由三个边组成的封闭图形是三角形，三角形有三个角，随后，人们将一个角大于 90° 这个量化属性增加到一般三角形概念中，由此得到了钝角三角形的概念。

---

① 徐利治，王前. 数学与思维［M］. 长沙：湖南教育出版社，1990.

（二）精确性

数学的精确性主要体现在两方面：一是数学的推理过程是相当严谨缜密的，二是数学的结论是确定的。逻辑推理是数学科学顺利开展的基础和有力手段，逻辑推理的严谨性也得到了大家的一致认同。如果数学推理的前提是正确无误的，推理的过程中没有出现问题和错误，那么最后得出的数学结论必然是正确的。数学结论的获得方法是多种多样的，比如实验、验证等都可以得到一些成果，但是这些研究成果并不具有普遍性，可能只适用于某些特定的数学情境。要想将这项数学结论确定下来，必须运用逻辑推理进行验证。因此，只有经过逻辑验证过的结论才是科学的、能够推而广之的结论。例如，为了得到三角形的内角和，我们可以采用测量的方法对三角形的三个内角进行测量，可是不管我们测量多少个三角形，得到的三角形的内角和为180°的这个结论都不能成为数学定理，只有运用几何的基本概念推导出的数学结论才能成为"三角形内角和"的定理。

严谨性是数学的典型特征，但这并不意味着数学结论永远都是正确的。事实上，数学的严谨性是相对的，而不是绝对的。首先，逻辑无法保证大前提，即公理是绝对真实可靠的。人们在社会实践中积累了丰富的社会经验，如果得到的数学结论与人们的社会经验完全相反，那么就需要对人们之前认可的公理重新加以讨论。其次，数学的严谨性并不是一成不变的，它与数学的发展水平息息相关。在数学不断发展的今天，严谨性也在逐步提升。就小学数学而言，小学生的思维水平不高，无法理解"假设"的相关概念，因此，他们无法运用假设来进行推理。这就要求教师在教学的过程中，并不运用严格的逻辑证明，而是通过实验、验证等学生可以理解的方法来引导学生体验结论的正确性。

（三）广泛性

众多学者对于数学应用的广泛性展开了大量的研究，但最为精辟的论断是以下三点：

第一，日常生活中几乎每时每刻都在运用数学概念和结论，但是人们却很少意识到这一点。比如，在计算开支的时候会应用算术的有关知识，而在住宅面积计算中会应用几何学结论。

第二，完善的数学体系为现代技术的发展提供了技术支持。纵观现代技术的发展历程，或多或少都可以发现数学的影子。如果没有数学，现代技术的革新就无法实现，新科学技术的发展也离不开数学。可以说，数学在科技进步中扮演了一个非常重要的角色。

第三，几乎在所有的科学部门中，数学都或多或少地发挥着作用。物理、天文学这些"精确科学"大都以数学中的符号为依托来表述自己的定律，化学就借用了数学中的部分公式来发展自己的理论。离开了数学，上述科学的发展基本上就无从谈起。

随着社会的发展，数学的应用领域不断扩展，逐步渗透到人类所有的知识学科领域中。不管在最尖端的粒子物理，还是在探索太空的航天技术，甚至是在地质勘探领域，数学都发挥着无可取代的作用。同时从经济学和社会学的角度来看，在历史学、语言学及其他学科中，数学方法同样大放异彩。

二、小学数学学科的性质

数学是研究数量关系和空间形式的科学，具有如下几个特征。

（1）生活性。生活性是指小学数学与学生的生活有着紧密的联系。教师在开展数学教学的过程中要注重理论联系实际，要选取学生熟悉的事物作为课堂素材，将数学学习还原到孩子的生活中。

（2）体验性。学校数学教育的最终目的是引导学生利用学到的数学知识解决现实生活中遇到的问题，而亲身体验是将数学知识与现实生活有机结合的最佳渠道，因此数学教育要侧重于数学问题解决的过程，要通过开展丰富多彩的体验活动使学生感受到数学的魅力。受传统教学观念的影响，很多教师往往强调数学结论，主张将整理好的事实呈现在学生面前，这种教学模式给学生数学能力的培养带来了不利影响。有关研究表明，充分运用观察、实验等教学手段，使学生自己发现事实或结论，能够有效提高教学质量。通过开展体验式教学，教师能使学生体验到超越局部的问题解决过程，这能够拓展学生的思维。

（3）普及性。普及性指的是数学学习要面向全体学生。数学对于个人的成长和成才具有重要意义，因此每个人都需要接受数学教育，每个人都能在数学教育过程中获得所必需数学知识。热爱数学且有志为数学事业作出贡献的人可以通过数学学习如何构建知识体系，普通人可以通过数学学习拓宽视野。

第二节　小学数学课程改革

小学阶段，数学教学是培养学生理性、逻辑、创新等思维的途径之一，是学生深度认识世界的方式。由此可见，数学教学对于学生的认知成长来说非常重要。教师应不断探寻数学教学的新方法，深化数学课程改革，不断提高数学教学质量，促进学生各方面能力的增长。

一、小学数学课程改革的原则

（一）系统性

系统性，指的是在课程改革时要形成以学校为主、社会各组织共同参与的系统。课程改革是一项系统工程，需要多方力量的参与。系统性要求数学改革的方向要与整个教学体系改革相符合，改革的内容要与数学学科的整体改革方向符合。

（二）主体性

主体性，指的是课程改革的主体是学校。学校应当发挥带头作用，积极取得学生与教师、家长的支持，使他们共同参与到课程改革中，发挥推动课程改革的作用。学校要努力落实改革工作，做好课程改革的总结和反思工作，为课程改革积累更多实用、有效的经验。主体性还指在课程改革中，要形成以学生为主体的课堂教学形式，让学生成为课堂知识的主要发现者和探索者，教师处于辅导地位，对学生进行引导。

（三）发展性

发展性，指的是在课程改革中，学生的知识、品德、情感、能力等各方面都要能获得发展。同时，发展性还指出，在数学课程改革中，教师应当以动态的眼光去看待数学课程。当一个改革工作完成后，教师应当不断反思、改进，以完善数学教学的过程，促进小学数学教学良好发展，优化教学效果和提高教学效率。

（四）创新性

创新性，指的是小学数学教师为满足新课程改革对教学效果和教学目标的要求，不断去探索新方法、新模式、新理念，并将之应用到教学环节中。这种创新是旧模式与新模式的融合，能充分体现数学教学的特色，从而促进小学数学教学质量的提升，让学生能更深刻地理解知识。

（五）目标性

目标性，指的是在小学数学改革中，教师要始终坚持以提高学生的核心素养为原则，以德育为先锋，开展高效的数学教学。无论教学理念、教学模式和教学方法等如何变化，教师都要紧紧围绕培养学生核心素养这一目标。只有坚持目标性，才能保证课程改革的效率。

二、小学数学教学改革的路径

（一）优化教学设计

教学设计是开展课堂教学的第一步，也是课程改革的第一步。教学设计是教师为授课而做的准备，是对整堂课授课内容与过程的概括。因此，在课程改革中，想要快速看到效果，从教学设计入手进行优化是较为有效的方法。例如，目标性这一点可以借助教学设计来实现。例如，在学习"位置与方向"这一课时，对于教学设计中的教学目标这一内容，教师如果依旧以"位置与方向的判定"为教学目标，那么教师基本上就会以理论授课的方式把课本上的相关知识讲解一遍；如果教学目标为"让学生掌握生活中位置的应用与判定"，那么，教师授课时就会以生活情境教学法或实践探究为主要方式去实现教学目标。前后两个目标虽然都有让学生对位置进行判定的要求，但前者比较抽象，更偏向于以结果为导向；后者则较为形象具体，而且涉及教学过程。虽然表述上只是字眼的差异，但教学过程与教学结果都会存在明显的差别。可见，不同的教学设计对教师的教学行为起着关键作用。教师在课堂上既要授课又要随时关注的学生动态，很难实时改动教学设计，甚至很大程度上需要依赖于教学设计去完成授课。因此，提前优化教学设计对于提升教师的授课质量有非常重要的作用。

（二）优化教学方法

教学的方法对于学生的学习积极性具有较大的影响。有些教学方法突出趣味性，适合应用在问题学习的过程中；有些教学方法突出知识积累，适合应用于基础知识的教学阶段；还有的教学方法突出学生的自主性，适合应用在难度不大的知识预习环节中……不同教学方法的应用时机和场合不同，用对就能起到事半功倍的效果。

例如，在"确定起跑线"一课的学习中，教师借助理论教学或者实践教学，都较难让学生认识到圆的特征。而借助模型，让学生用线条代替不同跑道，再把线条拉直进行对比，就很容易得到"距离圆心不同距离的圆，弧长不同"这一规律。再反过来，把代替一段弧长的线放到不同跑道上，当终点相同时，线头的起点就会有差异，这个差异就是"起跑线"的差异。教师必须先让学生明白曲线赛道上起跑线的差别，才能去用实验的方式去证明"跑道不同，起跑线不同"这一规律。

（三）优化教学流程

在数学课程改革的过程中，教师还要优化教学流程。一方面，要把繁杂的教学过程尽量简化；另一方面，要把简单知识点的教学过程缩减，在课堂时间的分配上做到主次分明。

例如，在学习"扇形统计图"这一课时，其实很多学生都能轻松理解每个部分表达的含义，那么，教师就可以缩短课程导入的时间，或者不进行导入，直接进入正题，又或者让学生进行课前预习，课堂上直接就本节课的任务进行交流和讨论。在教学流程优化后，在 45 分钟的课堂时间内，教师可以完成互动答疑、重难点讲解、随堂测试、巩固薄弱点等任务，以此实现高效课堂的建立，学生的学习负担也会减轻。其中，随堂测试与巩固薄弱点应当成为数学课程改革中的重点内容，要符合学生的认知情况和学习需求。

（四）优化作业设计

在小学数学教学改革中，教师还要优化作业设计。以往的作业设计多以检测和复习课堂知识为主，一些教师为了保证学习效果，多倾向于单一的设计形式，让学生练习大量的习题来巩固知识，题目中有很多重复的知识点。学生需要花费大量的时间在作业上，而且做错的题目也会再次出现错误。在优化作业设计时，教师要改变观念，把更多的时间留给学生探索和思考，优先选择代表性较强的题目让学生去做，通过减少题目的数量、增加题目的种类去提高学生的学习效率和思维能力，帮助学生更好地巩固知识。这样，在教师批改后，学生也能有足够的时间去积累错题，避免同一类型的题反复出现错误。优化作业设计还体现在作业的形式更加多样化，凸显趣味性。

例如，在设计"百分数"相关内容的作业时，教师可以设计开放式的作业，让学生在家中寻找与"百分数"相关的现象，然后在课堂上叙述这一现象，以此提高学生对百分数概念的理解程度。

（五）优化评价方式

新课程改革中的评价方式也要有所改变。原来的评价方式以成绩这一维度为主，但新的评价方式应当包含理论与实践两个方面，要从知识积累、应用能力、创新能力、数学思维等多个维度对学生进行评价。从多维度进行综合评价，可以让评价更合理。如有的学生考试成绩不佳，但课堂表现积极、反应灵活，总能跟上教师的思路；有的学生课堂上比较被动，但考试成绩较好。在以往的评价方式中，后者往往能获得较高的评价，但到初高中阶段，这两类学生的发展会呈现相反的趋势。而从多维度进行评价，能够给学生更准确、全面的参考，让学生及时改变自身的缺点，为以后更好地发展奠定扎实的基础。

第三节　小学数学课程目标

一、小学数学课程总体目标

（1）掌握适应未来社会生活所必需的数学知识，获得进一步发展的数学思想方法，能够应用数学技能解决未来社会中可能遇到的问题。

（2）能够运用数学的思维方式去观察现实社会，在生活或者其他学科学习的过程中遇到问题能够用数学的思维方式去思考，并积极运用数学意识来解决现实中遇到的难题。

（3）初步理解数学与自然、数学与人类社会间的关系，能够认识到数学对于个人和社会的价值，提高数学认识，增强学好数学的自信心。

二、小学数学课程学段目标

（一）知识与技能

1. 第一学段（1～3 年级）

在日常生活中能够抽象出数的过程，认识万以内的自然数和小数，理解分数的概念，对于生活中常见的分数能够表达出来了能够理解四则运算的意义，能够将书本中涉及的运算技能应用到练习题中。

经历直观认识矩形、三角形、圆形等简单几何体和平面图形的过程，学生能够解释几何体和平面图形的特征，体验平移、旋转、对称等现象，能够初步测量简单几何体的周长，计算平面图形的面积，并习得作图技能。

通过数学学习，学生亲身经历了数据的收集和整理的过程，体验了如何对数据进行描述，并具备了一些处理资料的简单技巧，对不确定现象有了初步的感受。

2. 第二学段（4～6 年级）

在数学学习过程中，学生将自己现实生活中的经验同数学知识联系起来，能够运用抽象思维逻辑理解数及简单数量关系；能够认识亿以内的数，对分数、百分数的概念和内涵有了初步的了解，清楚正数、负数的含义，习得必要的运算技能；能够运用所学的知识探究事物中共蕴含的特定规律，能够通过方程来表达，会求解简单方程。

学生能够通过观察、测量等手段体验物体和图形的形状、大小，能够通过移动物体与图形，探究它们运动的规律；能够初步认识简单几何体和平面图形，掌握它们的基本特征；能够转换简单的图形，能够对物体的位置进行初步判断，作图的技能得到进一步发展。

通过数学学习，学生亲身体验了数据收集和整理的过程，对数据的描述和分析的步骤有了更加深刻的理解，具备一定的数据处理技能，可以粗略预测事件发生的可能性，能够根据已知条件计算某些简单事件的概率。

（二）数学思考

1. 第一学段（1～3 年级）

学生能够将自己从社会生活中获取的经验运用到数学学习中，对教师提供的数学信息进行简单的解释和说明，并能将所学到的数学知识应用到现实生活中，用具体的数来表述现实世界中的简单现象。

能对简单物体和图形的形状、大小进行探究，初步探索简单物体和图形的位置关系和运动过程，并逐步建立起空间意识。

在教师的引导和帮助下，学生初步学会了选取有用信息，能对教师提供的数据和资料进行简单的概括和类比。

2. 第二学段（4～6年级）

通过数学学习，学生能够合理地解释与现实生活相关的数字信息，能将课堂中学到的有关字母、图表的相关知识运用到现实生活中，能对现实世界中简单问题进行描述，并想方设法解决问题。

对于物体的位置关系、图形特征有了进一步的了解，对图形变换过程进行探究，并尝试设计图案，进一步发展空间观念。

能够从解决问题的需要出发，收集有用信息并加以概括，能够开展类比、猜测等抽象思维活动，发展初步的推理能力。

（三）解决问题

1. 第一学段（1～3年级）

能够在教师的指导和帮助下，发现日常生活中与数学相关的简单问题。

能认识到同一个问题有不止一种解决方法，并尝试采用多种方法解决问题。

遇到难以解决的问题，懂得寻求同伴帮助，共同解决问题。

能尝试性地学习表述问题解决的大概过程与结果。

2. 第二学段（4～6年级）

能够独立思考，发现现实生活中相关的数学问题，并尝试提出简单的数学问题。

能通过寻求教师、家长帮助以及与同伴合作等多种方式探索出解决问题的有效方法，并努力寻求其他方法。

能够表述问题的求解过程，并试图对所得到的结果进行说明。

拥有对问题解决过程进行回顾和分析的自觉性。

（四）情感与态度

1. 第一学段（1～3年级）

在教师、家长以及周围同伴的鼓励与帮助下，能对身边一些和数学相关的东西产生好奇心，并积极主动地参与到直观、生动的教学活动中。

在教师、家长以及周围同伴的鼓励与帮助下，能树立起克服困难的自信心；当数学活动遇到困难的时候，不灰心、不放弃，发动一切力量来解决问题，获得成功的体验，进一步提升学好数学的信心。

理解数学知识与现实生活密切相关，认识到自己能够用数和形来对日常生活的某些现象进行描述。

2. 第二学段（4～6 年级）

对日常生活中与数学相关的事物有着强烈好奇心，有着学习数学的求知欲，会积极参与教师组织的数学活动。

在教师、家长的引导性以及同学的鼓励下，能够克服数学活动中遇到的各种困难，具有运用数学知识解决困难的成功经验，相信自己提出的办法一定能够解决问题，有着学好数学的自信心，相信自己通过努力一定能够取得理想的成绩。

能体会到数学与日常生活是息息相关的，认识到数学方法是解决现实很多问题的有力武器，能借助数学语言进行表达与交流。

懂得对于自己不理解的问题要勇于向教师、家长提问，喜欢同周围的同学就数学问题展开谈论，发现错误能及时改正。

第三章　小学数学教学方法与手段

对于合格优秀的教师而言，高水平的教学方法是必不可少的。本章主要讨论小学数学教学方法与手段，从三个方面展开论述，分别介绍了小学数学教学方法、小学数学教学方法的选择与优化以及小学数学教学手段。

第一节　小学数学教学方法

对于什么是教学方法这个课题，专家学者各持己见。目前主流的观点认为，教学活动是一种有序的活动方式，该活动方式并不是随机发生的，而是遵循教学规律，以一定教学理念与原则为指导思想，以实现教学目的和教学任务为主旨，根据特定的教学内容，教师和学生共同参与进行。教学方法包含两层含义，一方面指的是教师教授知识的方法，另一方面指的是学生在教师指导下的学习方法[1]。教学方法不仅要尊重学生的主体地位，在教学活动中实现教师与学生的互动，而且要综合运用教学工具和手段，实现教学质量的提升。教学活动是教师与学生互动交流的双边活动，为了有效完成教学目的和任务，教师需要运用一定的方式和方法，而教学方法是这些方式和手段的总称[2]。

教学方法有着丰富的内涵，而小学数学教学方法则是一种具体学科的教

---

[1]　李光数. 小学数学教学论［M］. 北京：人民教育出版社，2003.

[2]　韩延明. 新编教育学［M］. 北京：人民教育出版社，2006.

学方法，属于一般教学方法的范畴。这就意味着小学数学教学方法具有双重属性，它既有着普通教学方法所共有的性质，又从小学数学学科的独特性出发，具有小学数学教学的独特性。结合教学方法的定义，小学数学教学方法也是一种活动方式，遵循小学数学教学规律和原则，以实现教学目标和任务为宗旨，需要教师和学生共同参与实施，同时需要借助一定的步骤和技术，具有系统性、规范性的特征①。

一、常见的小学数学教学方法

以学生是否独立获得知识为标准，基本教学方法可以分为三类②：

第一类，教师在教学活动中占据主导地位，较多地组织教学，学生很少进行活动，讲解法、演示法以及复习法是该类教学方法的典型代表。

第二类，教师根据教学内容组织必要的教学活动，进而为学生提供较多的活动机会，谈话法、讨论法以及练习法是该类教学方法的典型代表。

第三类，尊重学生的主体地位，以学生的独立活动为主，如阅读法、实验法等。

小学数学常见的教学方法经过实践的检验，被证明是行之有效的教学方法，在教学过程中得到了广泛的应用。

（一）叙述式讲解法

叙述讲解法是指以教师的口头讲述和示范为主的教学方法。叙述讲解法应用于客观事实的叙述、概念的解释、原理的论证。该教学方法中，教师扮演着讲述者的角色，教师将书本中的现成知识以清晰、流利的语言表达出来，使学生理解知识的同时逐步形成分析、推理等数学能力。

（二）启发式谈话法

所谓谈话法就是在学生原有认知结构的基础上，通过设疑、启发、提问的方式，指导学生学习的教学方法。该方法以帮助学生掌握更多的知识为宗旨，表现为师生对话，核心在于启迪学生的思维。

---

① 高向斌. 小学数学教学与研究［M］. 北京：人民教育出版社，2011.

② 杨庆余. 小学数学课程与教学［M］. 北京：高等教育出版社，2004.

1. 作用与特点

小学数学教学中，谈话法是使用频率较高的方法，特别是在开展数学基础知识教学的过程中，谈话法更是发挥了重要作用。有关研究表明，谈话法有助于开发学生智力，引导学生进行深层次的思维活动。谈话法的应用范围极为广泛，如教师在引导学生回顾旧知识、组织学生开展实验等教学活动中经常使用该方法。

谈话法的特点是：（1）教师与学生之间具有很强的交流和互动性，教师对于学生提出的问题能够及时地予以反馈。（2）操作灵活，可变性强。受多方面因素的影响，学生认知水平有着很大的差异性，谈话法的应用有助于教师根据学生的认知差异，及时调整教学策略，并针对不同认知水平的学生提出不同的问题，从学生的实际出发，调整信息流量。（3）便于在新旧知识之间建立联系。通过师生谈话，学生能在最短时间内找到新知识与原有知识结构间的衔接点，对于已经学过并且掌握的知识，能够结合自己的经验，综合运用分析、比较等思维活动，将新知识融入自身认知结构中。

2. 谈话法的进行过程

启发式谈话法由三个环节构成：第一个环节是教师提问，第二个环节是倾听学生回答，第三个环节是教师作出反应。这三个环节环环相扣，组成了一个问题单元，一个问题单元完成后进入下一个问题单元。

（三）演示法

演示法是以呈式或演示为主的教学方法，其目的是使学生发现对象的本质特征。常用的教学工具有实物、模型。为了能让学生把握对象的本质，教师有时会向学生演示对象发生发展的过程，或者对象运动的规律。演示或呈式只不过是一种教学手段，在教学过程中，教师需要借助这些手段，引导学生观察事物、思考问题产生的根源，组织学生开展谈论，通过这些思维活动使学生理解对象的本质特征。

（四）实验法

实验法是以实验操作为主的教学方法。学生通过亲自操作，归纳出对象的本质和典型特征。从课堂学习上来说，实验法包括验证性实验和探索性实验两部分内容。验证性实验最典型的特征是学生会通过实验操作来验证知识是否合理，通过实验抓住对象的本质特征；探索性实验的特点是引导学生进行探索，经过亲身的观察和思考，发现对象的本质特征。课堂教学中具体采用哪种形式，由内容特征与学生特征两大因素决定的。

（五）练习法

练习法指的是在教师的引导下，学生或者独立完成作业，或者通过小组讨论的形式来解答问题的教学方法。练习法的最终目的是让学生理解课本中的知识并形成基本技能。有关研究表明，儿童习得知识的过程是一个漫长的过程，以数学为例，学生从最初认识某一个数学知识到最后完全掌握该知识，需要花费很长的时间并且需要进行大量的练习，仅仅依靠课本中的一个例题就希望学生掌握该知识是不现实的。只有通过大量的训练，学生才能真正理解教师讲授的知识并将之内化到自身的知识结构中，进而形成一定的技能。

二、小学数学新教学方法介绍

（一）发现法

20 世纪五六十年代美国教育家创造了发现法，自此之后这种方法迅速风靡全球，得到了世界教育界的认可。

1. 发现法的基本含义及特点

所谓发现法就是教师并不直接将前人验证过的、现成的知识传授给学生，而是向学生提供材料，引导学生对课本中的课题和材料进行思考，自主找出问题，并总结出数学规律的一种教学方法。

同其他教学方法相比，发现法有着如下特点：

（1）发现法突出了学生作为发现者的地位，使学生独立地去发现问题、主动地认识世界，亲自去寻求解决问题的方法。受传统教学观念的影响，教师往往会直接向学生讲授现成的结论，学生只能被动地接受知识。

（2）发现法有助于激发学生的内在学习动机。促使学生不断进步的、最佳的学习动机便是学生对学习的课程产生的浓厚兴趣。发现法与儿童爱玩的天性相吻合，同时学生又有着喜欢提问、喜欢追根求源的心理特点，这就导致如果新奇的问题或是事物出现在他们面前，他们一定会专心致志地去研究该问题，直到寻找到答案为止。发现法正是利用了学生的这一特点，激发学生对于问题的求知欲，让他们积极主动地去探究问题，寻求解决方法。

2. 发现法的主要优点及其局限性

发现法的优点主要体现在如下方面：

（1）小学生具有好玩、好动的心理特点，满足家长的期待是他们学习的主要动机，自己本身对于学习并没有多大的兴趣，但这种动机属于外部动机。发现法有助于引发学生的好奇心，使他们自觉主动地进行学习，在探索过程中取得的成就又会增强他们学习的信心。

（2）有助于培养学生解决问题的能力。教师在教学中采用发现法向学生提出问题，引导学生如何解决这些问题，学生会在潜移默化中学会探究的方法，这样当他们在学习上遇到新知识、生活中遇到新情况时，他们能够独立地思考，并针对新情况，提出解决问题的方案，这有助于培养其创造能力。

（3）发现法的应用对于开发学生智力、开发学生潜能、帮助学生树立良好的思维品质有着积极意义。

发现法同样存在着缺陷和不足，其局限性主要体现在以下两个方面：

（1）从教学效率方面来说，发现法使用的时间较长。这是因为，学生并不是直接从教师那里获取知识，而是通过自己的探索来得出结论，这不可避免地要经过较长时期的摸索。

（2）从教材内容上来说，发现法的使用范围是有限的。相比于其他教学方法，发现法更加严谨，适用于思维比较缜密的物理、数学、化学等理科教学，以感情为基础的人文学科不宜采用此方法。即使在小学数学教学中，发现法也只适用于概括性知识的教学，如求平均数、运算定律等，平均数的概念以及运算符号等相关知识还需要教师进行讲解。

（二）尝试教学法

尝试教学法是一种具有中国特色的教学方法，在小学数学教学方法中具有较大的影响力。目前大部分小学纷纷采用尝试教学法，并取得了良好的教学效果。

1. 尝试教学法的基本内容

尝试教学法的基本思路是：课堂教学并不是以教师讲授新知识为开端，而是以学生尝试练习为起点，这种尝试并不是盲目的、毫无规律的练习，而是在学生已经掌握的旧知识的基础上衍生出新题目，在学生尝试解答新问题的过程中，指导学生自学课本，鼓励学生通过小组合作的形式展开讨论；在学生解答练习题后，教师根据学生的解答思路和方法进行针对性的讲解。这与普通的教学方法的根本区别就在于尝试教学法改变教学过程中"先讲后练"的方式，将"先练后讲"的方式作为教学的主要形式。

2. 尝试教学法的教学程序和课堂教学结构

尝试教学法基本的教学程序可分为五个步骤：

（1）出示尝试题。尝试题通常以课本中的例题为蓝本进行适度的变形。如课本中有这样一道例题"5＋6＝？"，教师参考这个例题，提出尝试题"7＋6＝？"通过尝试题，调动起学生学习的积极性，理解所要教授的数学知识。

（2）自学课本。学生运用已有的知识尝试解答教师提出的问题，发现已有的知识无法解决现有的问题时，会产生对新知识的求知欲。教师可以指导学生观察课本中是如何解决这个问题的，并提出几个和解题思路相关的问题。通过自学课本，学生会大致了解自己的学习情况，知道自己在这个问题的解决方法上还存在不足，教师也可以知道学生在学习过程中遇到了哪些问题、有哪些疑惑。

（3）尝试练习。学生在自学课本的过程中，对于已经学到的知识会产生基本的了解，大部分学生会发现解答尝试题的思路，想要运用自己的能力来解答尝试题。等到学生将尝试题解答之后，教师可以再出类似的尝试题让学生来试试。为了检验学生的自学情况，教师可选取学习成绩优异、学习成绩一般以及学习成绩较差的三类学生到讲台前进行演算，其他的同学在练习本上解答问题。

（4）学生讨论。在解答尝试题的过程中，可能有的同学未能真正理解课本上的知识，导致出现错误答案，部分学生也有可能有着不同的解题思路，会提出不同的解答方法。教师要鼓励学生积极发言，阐述自己的解题方法，针对解题中出现的错误展开讨论。

（5）教师讲解。学生能够解答出尝试题，并不意味着学生已经掌握了相应的数学知识，或者理解了数学知识的本质和精髓。教师可以根据一定的逻辑系统，将所学的知识联系起来，引导学生建构知识体系。

3. 尝试教学法的优越性和局限性

尝试教学法的优越性体现在以下方面：（1）有助于培养学生的探索精神，提高他们的自学能力。（2）有助于提高课堂教学效率。（3）有助于提高教学质量。该方法具有操作性强的优势，大部分教师都可以理解并能快速将之应用到教学实践中，对于学习成绩不理想的学生，该方法能够发挥显著的作用。

完美无缺的教学方法是不存在的，尝试教学法还有着如下的局限性：（1）尝试教学法更加适用于中高年级的学生，他们对数学有一定程度的了解，拥有着较强的自学能力。一、二年级刚刚接触数学的学生爱玩、爱闹，不宜采用这种教学方法。（2）尝试教学法更加适应于后续课的教学，将之运用到介绍新知识、新原理上，就无法取得很好的效果。（3）该方法适合理论知识的介绍，对于操作性较强的内容不宜使用。

（三）自学辅导法

1. 自学辅导法的基本含义

所谓的自学辅导法指的是在教师的指导下，让学生自学的教学方法。小学数学课堂中运用的自学辅导法要注意以下几点：首先，重视教师的指导作用，该方法倡导学生自学并不是指舍弃教师，完全由学生自己学习，而是要在教师的指导下开展自学；其次，尊重学生的主体地位，引导学生自主阅读课本，寻找答案；最后，该方法的主旨是帮助学生掌握数学知识，习得数学技能。

2. 自学辅导法的教学程序

教师在教学中应用自学辅导法需要遵循以下三步：

（1）提出课题。教师在课堂教学中有两种选择，一种是直接导入新课，另一种是回顾相关知识后再引入新课题。鉴于小学生心理不够成熟，后一种方法显然更加符合小学生的学习特点。高年级学生具有一定的自学能力，教师不仅要为他们提供课题，还要提供自学提纲，让他们在质疑中自主学习，并围绕课题的中心问题，一边阅读、一边思考，进而得出解题思路。

（2）学生自学。这个环节要求学生独立阅读课本，同时教师也要给予必要引导。教师应立足现实，针对不同的年级、不同的认知水平以及教材的难易程度，选择对应的方法引导学生自学。教师的指导要做到言简意赅。

（3）答疑解难。学生在自主学习过程中，肯定会出现问题。教师要就学生提出的共同问题进行解答，还可以组织小组讨论，鼓励学生开展讨论，互相解答。为了进一步提高学生的自学能力，解答疑难问题之后，教师要让学生通读教材，巩固知识。

3. 对自学辅导法的评价

自学辅导法具有如下优点：首先，能够调动学生的学习兴趣和学习主动性，激发学生的学习内驱力，使学生获得更多的独立思考的机会；其次，能够鼓励学生利用课余时间开展学习，依靠自己的能力获取的知识会使学生的印象更加深刻，也会促使他们的自学能力不断提高。这种教学方法的应用，能在课堂上解决基本问题，极大地减轻学生的课业负担。

（四）"探究—研讨"法

"探究—研讨"法最早是由美国教育专家提出的，受到了美国教育界的广泛欢迎。20 世纪 80 年代，该方法进入我国，被迅速应用到理科教学和数学教学中。

1. "探究—研讨"法的基本内容

"探究—研讨"法将教学过程分为两个环节，即"探究"和"研讨"。

第一个环节"探究"指的是在教师的引导下，学生自主开展探究活动，通过与其他学生展开合作的方式寻求书中难题的答案。在"探究"的过程中，教师扮演着引导者的角色，需要创设相应的问题情境并为学生提供必要的操作材料，让学生亲自体验，诸如观察矩形、平行四边形共同点，测量三角形的角度，研究数量关系的各因素之间是何种关系。当学生在探究活动中遇到难题时，教师要给予相应的指导。

第二个环节"研讨"是指要给学生提供机会，让他们自由地发表意见。学生在前一个阶段，已经对所研究的问题有了一定的了解；在这个阶段，教师要尊重学生的主体地位，营造平等、包容的氛围，鼓励学生发表自己的意见，让他们就自己的所思所想畅所欲言；教师要创设交流的环境，让学生充分利用语言进行交流，扩大学生的信息量。在研讨的过程中，学生们相互启发，能够更加全面、深入地了解所研究问题。最后教师和学生一起发现并总结出存在的规律或者结论。

2. "探究—研讨"法的主要特点

"探究—研讨"法具有以下特点：首先，该方法能够充分发挥学生的主观能动性，使学生积极参与到课堂教学中，有利于学生创造能力的培养和发展；其次，"探究—研讨"法能够最大限度地发挥教师的主导作用，有利于教师根据教学目标和学生的具体实际选择恰当的教学材料，创设有利于学生探究的问题情境，进而形成教师与学生之间互动交流、学生与学生之间合作交流的课堂氛围。

第二节 小学数学教学方法的选择与优化

一、教学方法的选择

教学方法的选择，一般包括选择的标准和选择的程序两个方面。

（一）教学方法选择的标准

教师在教学中选择何种教学方法是由很多具体因素决定的。一般情况下，以下几点可作基本依据。

1. 根据教学目标选择教学方法

每门功课都有其教学任务，教学任务具有高度概括的特征，是对教学内容的提炼和升华，比较笼统。教学任务只是限定了教学方法的大致方向而无法从根本上对教学方法给予指导。教学目标对教学方法的选择起着直接的决定作用，不同的教学阶段有着不同的教学目标，学期结束后有着考查学习知识掌握情况的学期目标，每个单元和课时都有着具体且明确的教学目标。教学目标能使学科教学中一般任务具体化，具有操作性、便于检测的优点。例如在一节课内，教学目标不可能既关注学生知识的掌握情况，又关注学生是否掌握了技能，但是它可以侧重于某一个方面。教师要精通实现各个目标的教学方法。教学目标的实现有赖于教师的精心设计。教师在进行教学方法选择时，要充分考虑选择与实现此类目标相适应的教学方法

2. 根据学生的特征选择教学方法

教师在选择教学方法时还需要考虑学生接受的可能性。教师在教学过程中无论采取何种教学方法，其最终目的就是要让学生理解数学知识，能够在课余时间自主学习。学生的特征包括两方面的内容：一是认知水平，二是知识基础。

学习心理有其自身的发展规律，不同年龄学生的学习心理是大不相同的，小学阶段采用的教学方法与中学阶段采用的教学方法自然应该要有所区别。即使同样是小学阶段，针对高年级采用的教学方法与低年级的教学方法也要有所不同。低年级儿童由于身心发展不成熟，思维活动以形象思维为主，可多采用演示法、操作实验法，同时还可应用引导发现法；中年级学生对于数学概念有了一定的认识，逐步建构起自己的知识结构，须以谈话法为主；高年级的学生逐步以抽象思维为主，可适当采用讲解法和自学辅导法，鼓励学生自主学习。这在很大程度上是由学生的年龄不同而导致心理发展水平不同决定的。

学生的认知结构是指学生已经获得了哪些知识以及它们的组成方式，它在新知识学习中起着迁移的作用。因此，根据学生的原有知识基础或者认知结构来选择教学方法，同样具有非常重要意义。优秀的小学数学教师，即使教同一个年级，也会针对不同的班级采用不同的教学方法。基于这个道理，假如老师想讲述一些新知识，而这些知识学生还没有接触到，那么采用谈话法显然是不行的；但是，如果一个学生的认知结构含有和新知识相联系的成分，教师则可运用启发式谈话法。

3. 根据不同的教学内容选择教学方法

教学方法与教学过程中的其他成分是相互联系、相互依存的，教学内容在教学过程中发挥着基础性作用，决定着教学过程的方向，而方法是内容的运动形式。因此，教学方法的选择也需要参考教学内容，以教学内容为依据。

小学生学习的几何知识大多属于直观几何的范畴，教师要将学生熟悉的实物引入教学中，利用教具和学具引导学生进行折叠、拼摆，鼓励学生开展绘画、测量等实际操作，使学生掌握图形的特征，理解不同图形求积公式的原理，进而形成初步的空间观念。演示法、操作实验法是教授几何知识的课堂中使用频率最高的教学方法。应用题是小学数学的教学目标之一，在讲解应用题相关的知识之前，学生对于数量关系已经有了初步的认识，在此基础上，教师要引导学生掌握解题思路，因此，将谈话法和讲解法应用到教学中会取得较好的教学效果。另外，针对不同的教学内容，教师需要采取不同的教学方法。如果讲授的新知识与学生之前学到的旧知识有着紧密的联系，可以采用谈话法、引导发现法，教师只需要在新旧内容的衔接点上进行点拨，就可以使学生领悟关键知识；在讲授某一个全新起始概念的时候，采用操作实验法会取得很好的效果。

4. 依据教师的特点选择教学方法

教学方法选择受教师教学经验以及个性特点等多种因素的影响。通常情况下，教师往往会采用自己把握较好的教学方法。比如性格开朗活泼的教师，可将游戏、讲故事等教学方法应用到教学中；性格内敛的教师可采用语言讲解法等传统教学方法；善于运用教学工具的教师，可将多媒体技术应用到教学中，采用形象化的教学方法。从某种意义上来说，教学方法只不过是一种工具，教师在教学实践中总是从自身的个性和气质出发，选择最适合自己的教学方法，教师本身的特性决定了他可以重点选择某些方法。

在选择教学方法时，应综合考虑上述几个方面，忽略任何一个因素，都会使教育效果大打折扣。实效性是检验方法的重要标准，如果教师只依赖一两种教学方法，毫无疑问会出现教学效果不佳的局面。为了避免这种现象的发生，教师需要将多种教学方法有机地结合起来，循序渐进，尽量做到运用最少的教学时间，取得最佳的教学效果，从而实现教学方法的全面优化。

（二）选择教学方法的程序

选择教学方法的程序，大致包括以下几个基本步骤：

（1）明确选择的标准。教师决定采用某种教学方法之前一定要做到心中有数，知道为什么要选择该教学方法，切忌抽象、模糊。

（2）教师要深入研究各种教学方法，了解教学方法的优缺点，掌握各种方法的精髓。

除此之外，教师还要不断更新教育观念，学习新方法、新理论，对已经掌握的教学方法进行分析、比较。如教师在学习某种教学方法之后要考虑该方式是否可以被应用到教学实践中，应用的步骤有哪些；教师在明确教学任务和教学条件后，要认真研究学生的特点，综合比较已知的教学方法，作出最后的决定。

二、教学方法的优化

苏联教育家率先提出了教育方法优化的理念，并将之运用到教学实践中。苏联学者指出，教学方法的优化是教学理论发展到一定阶段的产物，教学方法的优化以教学规律为依据、以教学原则为准则。教师在教育过程中要以教学目标为指导，根据具体的教学实践选择最恰当的教学方案。

要实现教学方法的优化，教师要做到以下几点：

（1）教学方法的优化对教师提出了更高的要求，需要教师做到对各种教学方法了如指掌，明确每种教学方法优点和不足，知道哪种教学情境中采用何种教学方法更为恰当；能够取得最大的教学效果，在教学实践中能够灵活地运用每一种方法。比如语言讲解法的优势在于能够在短时间内向学生传递大量的信息，使学生的抽象思维得到长足的发展，但是该方法过于强调知识的传授，不利于学生直观形象思维的发展，无法全面地培养学生的能力；直观模型法能够将枯燥的数学知识转化为生动、直观的形象传递给学生，对于提高教学质量具有积极意义，但同时该方法会抑制学生的语言表达能力，对学生的全面发展造成不利影响；探究法有助于培养学生的自主学习能力，引导学生学会自主学习，养成独立学习、独立思考的良好习惯，但是这种方法具有耗费时间过多的缺陷，同时会为学生逻辑语言和抽象思维能力的提升带来不利影响。教师对于多种教学方法的认识程度越高，他们的教学结果越理想，效果越明显。

（2）选择教学方法前，先要根据教学目的与教学任务，把教学内容具体化，明确教学的重点和难点，按照教学需求对教材进行划分，确保每部分的教学内容都是逻辑清晰且完整的，然后要筛选出能够最大限度提高各阶段教学质量的教学方法，并将之科学合理地组合起来，进而形成该节课的最优教学方法。

第三节 小学数学教学手段

一、小学数学教学手段的意义

对于教师与学生来说，在开展的教学活动当中，教学手段存在的唯一目的就是实现双方之间的信息的传递与交流，其本身有着多种表现形式，比如各类教学用书、黑板、展示模型等等。

我们通过对小学数学教学过程当中所使用的教学手段能够展现的教学效果进行总结，确定了教学手段本身在其中会发挥出以下三个方面的作用。

（一）教学手段是学生认识活动中必不可少的媒体

对于小学时期的儿童来说，他们并不具备足够的抽象思维水平，也就很难加深自身对于数学的理解，所以教师需要借助合适的教学手段帮助学生获得直观的感受，并逐渐建立抽象的认知，最终对数学本身的各种概念以及原理、方法等加以明晰。为有效指导学生更好地理解乘法概念，我们可以借助直观的实物摆放的方式，加深学生的理解，让他们通过直观感受，建立感性认知，最终明晰乘法本身的意义。

如图 3-3-1 所示，教师为了更好地帮助学生理解 3×4，可以采用摆放木棒的方式。

3+3+3+3
4个3　　3×4　　4×3

图 3-3-1　小棒示意图

为使小学生更直观地理解 3×4 的含义，教师需要引导学生按照 3 根木棒一堆并摆放 4 堆的方式进行理解，之后按照摆放情况，引导学生使用基础的加法进行计算，就是将 4 个 3 相加，使学生明白这里表示的是有 4 个 3，最后使用乘法的方式来表达就是 3×4。教师在教授学生学习乘法的过程当中，所使用的教学手段就是木棒的组合，这种直观的木棒组合方式能够引导学生更好地了解抽象的知识。

（二）教学手段是教师教学活动不可缺少的工具

对于小学教师来说，在开展教学活动的过程当中，应当格外重视教学手段的应用。借助教学手段能够有效激发学生对于所学习内容的思考，并使他们产生对数学学习的兴趣。对于教师来说，为了在教学过程当中有效发挥自身作为组织者的重要作用，引导学生更好地深入参与到教学活动当中，需要重点了解教学手段本身，并在教学当中积极探索、学习、应用各类教学手段。

（三）教学手段的革新是小学数学教学改革的重要内容

伴随着时代的发展，越来越多的人认识到传统的教学手段已经很难满足现代社会的需求，所以教学手段也应当积极开展革新。部分小学教师通过使用以各种活动为教学载体的"活动教学法"以及在教学当中积极使用各种模型的"模型教学法"，有效推动了小学数学教学的创新发展，更好地促进了学生对于数学的学习与理解。

二、常见的教学手段

值得注意的是，通常情况下，可以基于物化的视角对小学数学的教学手段进行分类。依据要达成的目标以及表现的特点，可以将教学手段分为以下四种类型。

（一）操作材料

对于从事小学数学教学的教师来说，为更好地开展小学数学教学实践，教师需要根据自身积累的教学经验与实际教学的情况，为学生设计符合教学要求的各种教学内容，并使用合适的教学材料。

值得注意的是，这种教学手段是各种教学手段当中最为常用也最为经济实惠的一种。通常情况下，这种教学手段使用的教学材料是从教师与学生的身边寻找的，而且所选择的各种教学材料并不需要进行深加工，可以直接使用，也可以由教师或者学生进行简单加工。

（二）辅助学具

对于教学来说，辅助学具在很早之前就得到了应用，有着一定的普遍性与通用性。就比如，第纳斯最开始在教学当中就使用了裴斯泰洛奇的算术箱。之后在不断发展的过程当中，第纳斯又设计了新的应用到教学当中的新材料，新材料主要依据十进制的计算法则设计而出。他将一个小型的正方体木块表示 1；之后将 10 个等同的小木块排列为 1 条，设定为 10；之后将 10 个 10 条排列在一起，用来表示 100，即 1 板；再之后将 10 板进行叠加，最终形成一个大型的正方体，表示 1 000。该种辅助学具向小学生完美展现了数位关系，有效加深了小学生对数学的了解。

除了正方体小木块的组合之外，教师还可以在一块木板上距离均等地钉上钉子，教师需要引导学生使用绳子或者橡皮条等工具沿着不同的钉子勾连出不同的几何图形，以便学生进行直观理解。

1. 20 以内计算板

图 3-3-2 是一个 20 以内计算板的示意图。

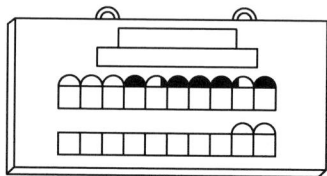

图 3-3-2　20 以内计算板

图 3-3-2 所示的辅助学具，能够更好地帮助学生进行 20 以内的加法与减法的学习。这种辅助学具的制作十分简单，首先需要制作大小合适的正方形木框，并在其中贴一张硬纸，另外制作 20 个小型的卡片纸袋，分两排贴在硬纸上，并在硬纸的最上方贴 8 个卡片纸袋。为了方便计算，需要制作足够数量的数字卡片，并且还需要制作 20 个双面色彩各异的圆板。

其使用方式如下，在 8 个一排的纸袋当中放入需要计算的数字与符号，就比如"8＋4＝"，之后在下面两排分别放置 8 个同种颜色的圆板，并在下面那一排放置 4 个另一个颜色的圆板，放置好后，我们会发现上一排只有 8 个圆板，还有 2 个空缺，需要从下面那一排拿出两个圆板放在空缺位置。最终，上面一排放满圆板，共 10 个，下面一排还剩 2 个，所以最终的计算结果就是 12，即 8+4=12。最后将最终的算式中的数字与符号摆放在 8 个一排的位置。

2. 数型卡片

一种直观形象地认识 2～9 各数倍数的材料。

通常情况下，可使用数型卡片来演示，如图 3-3-3 所示。另外，这张卡片本身分为 100 个方格，按顺序填写了从 1 至 100 的数字，共分为 10 行与 10 列，本身包含 1 张底片以及 8 张覆盖片。

如图 3-3-4 所示，为表现从 2 至 9 共 8 个数字的倍数，制作 8 个覆盖片，将每个覆盖片都均分为 100 个方格，之后在对应数字的倍数位置挖洞。

1	2	3	4	5	6	7	8	9	10
11	12	13	14	15	16	17	18	19	20
21	22	23	24	25	26	27	28	29	30
31	32	33	34	35	36	37	38	39	40
41	42	43	44	45	46	47	48	49	50
51	52	53	54	55	56	57	58	59	60
61	62	63	64	65	66	67	68	69	70
71	72	73	74	75	76	77	78	79	80
81	82	83	84	85	86	87	88	89	90
91	92	93	94	95	96	97	98	99	100

图 3-3-3 数型卡片

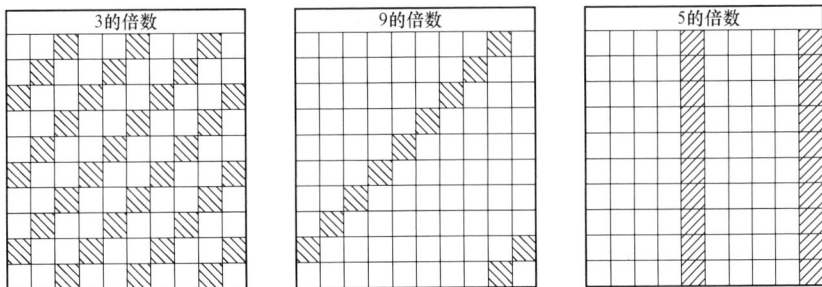

图 3-3-4 覆盖片

选取 3 的倍数、9 的倍数以及 5 的倍数三张覆盖片进行介绍，并在示意图当中使用阴影填充方格的方式来表现需要挖空的部分。使用者在使用的过程中，选择相应的数的倍数的覆盖片，将之放置在底片上面，就能够轻松地从相应孔洞当中寻找到对应数字的倍数。由此就能够更好地帮助学生了解某一数字的倍数以及在 100 之内的该数字的倍数变化规律。

3. 活动数位顺序表

活动数位顺序表能够在小学生学习过程中，帮助他们更好地了解并掌握数位顺序。

这种辅助学具的制作十分简单，只需要在一张硬纸板上贴上一层白纸，并在其上半部分描画出清晰的数位顺序表，之后在硬纸板的下半部分与数位表中各数位对应的位置张贴大小合适、位置合理的卡片口袋，以此就能够将写有数字的硬纸片放置在卡片口袋当中，明晰相应数位，如图 3-3-5 所示。

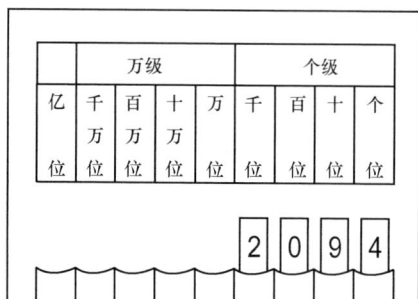

图 3-3-5　活动数位顺序表

学生想要了解一个数字的数位组成的时候，需要将相应的数字插入其中，就比如图中所示的 2094，先在个位插入个位数字 4，之后在十位插入数字 9，在百位插入数字 0，在千位插入数字 2，这样就能够更好地帮助学生认识并了解这个数字，让他们可以轻易读出。另外，在练习的过程当中，可以先由一方读出一个数，之后由接受挑战的学生在相应位置插上对应的数字。

（三）现代化教学手段

从 19 世纪末以来，在教学中运用的电教媒体和其附带的承载着教学信息的电教软件，称为现代化教学手段。在实际教学中，特别是小学数学教学中，有许多运用现代化教学手段的优秀范例。以下对教学中常用的一些现代化教学手段进行简介。

1. 光学投影教学手段

值得注意的是，在现代化的各种教学手段当中，光学投影教学手段主要分为以下两种类型，主要包括投影、幻灯。

（1）第一种类型，投影有着较为便捷的使用方式，已得到了普遍的应用。在通电之后，投影仪会将投影片放置在对应的载物玻璃上，最终投影出相关影像，只需要细心调试，就能够展现出良好的教学效果。通常情况下，投影仪有着以下四个方面的使用途径。

第一个方面，投影仪的使用可以完美替代现有的黑板的所有功能。比如教师可以在载物玻璃上通过放置玻璃或者透明胶片等方式，写板书或者绘画，使投影仪能够直接投影出放大之后的、有颜色的板书，让教学变得更加直观与方便，教师不需要转身背对学生板书，可以在授课过程当中一直面对学生。

第二个方面，教师可以在课前将上课需要讲授的相关内容书写、绘制在玻璃或者胶片上，在讲授课程的时候，只需要将之直接放置在载物玻璃上，方便更换。

第三个方面，分发给学生小型的玻璃卡片让他们写作业，最后在课堂上由教师选择有代表性的作业成果通过投影仪向全班展示并讲解。

第四个方面，教师在授课过程当中，面对的学生比较多，很多学生并不能很好地了解教师对于某些实物的演示，这时候就需要投影仪对相关演示进行放大。

另外，对于教师来说，在课前做好教学设计，制作出数量足够且造型美观的玻璃投影片，能够更好地激发学生的学习兴趣，有效提高学生的参与度，加强学生对于相关教学内容的认识。在教授学生认识量角器的时候，教师无法保证所有的学生都能够看清楚教师演示使用的量角器的刻度，这时候教师就需要使用投影仪对演示使用的量角器进行方法演示，确保所有学生都能够看清楚相关刻度。

（2）第二种类型就是幻灯，幻灯能够更好地表现知识的趣味性，使学生不容易走神，也能够在一定程度上帮助学生深入学习相关知识。在教学过程当中，教师可以通过幻灯制作可爱的小动物走来走去，更好地帮助学生认识"加与减"；或者为了帮助学生更好地认识一个正方体的面的数量与大小，教师也可以通过幻灯，将某一个正方体的各个面逐一展开，在学生了解面的数量之后，再将所有面重叠在一起，由此，学生就能够更加清晰地认识到同一个正方体的所有面在大小上是相同的。

2. 电声器材及其设备的运用

教师主要使用的电声器材及其设备有磁带录音机、教学唱片与唱机以及语言实验室等。

值得注意的是，在对低年级的学生开展数学教学活动的时候，教师不应当只是进行理论的讲解与单方面的知识输出，还应当结合音乐、舞蹈等方式，重点培养学生的思维能力，由此才能够让学生在之后的数学学习当中事半功倍。研究发现，我们若是在学习之前先让大脑接受一定时间的音乐的洗礼，就能够有效调节心情，并在之后的学习中更好地集中精力。所以说，为了获得良好的教学效果，教师也可以在课堂中使用相关设备让学生进行合适的音乐放松。

3. 现代化教室设备的运用

在现代化的教室当中，存在多种高科技设备，其中最基本的就是三种颜色的"黑板"，共分为白、绿、黑三种颜色，教师可以使用彩笔在白色板上书写，也可以将它作为投影的屏幕。绿色板因为自身颜色的特殊性，更能够保护教师与学生的视力。除此之外，更为先进的教室当中还配备了集体学习放映机，教师掌握控制台，所有学生的课桌上都有五个按键，教师在提出问题之后，学生可以按按键回答，所有回答结果会被记录在专门的资料记录器当中，之后经过计算机对相关数据进行研究分析，将最后的分析结果传送至教师的显示器上，教师就能够根据反馈的结果更好地安排之后的教学。

（四）计算机技术

在程序教学获得新阶段的发展之后，计算机辅助教学（Computer Aided Instruction，CAI）成功诞生。

通过计算机技术，教师能够利用直线型程序或者分支型程序将所有的教学内容进行划分。其中直线型程序对教学内容进行划分的最终结果就是让所有问题呈线性分布，学生在回答相关问题的时候每次只能够看到划分好的一个小单元，回答完之后计算机会对答案进行评价，学生能够在计算机的帮助更好地掌握该项学习内容，并在确保他们足够掌握之后，进入下一阶段。这一模式如图 3-3-6 所示。

图 3-3-6　直线型程序模式

除了直线型程序之外，分支型程序也能够被深入应用到教学内容的划分中。在进行各小单元的划分时，要不断设置分支。学生在作答过程当中，若是答对将进入下一步更深层次的学习；若是答错就会导入某一分支，直到完成这一分支，才能够回到原处。只有作答正确才能够继续向前，否则将继续在分支程序当中轮转。一般而言，最为常见的使用计算机进行辅助教学的方式，就是为每一位学生配备一台终端机，学生在登录之后才可以正式使用，并学习存储于计算机系统当中的相关信息，回答对应的问题，计算机会实时记录学生本人的学习情况与题目的作答情况，并根据学生的表现为其提供契合的信息。

计算机辅助教学主要包含以下几个方面的内容，分别为解决问题、教学辅导、对话咨询、练习实习等等。基于计算机辅助教学本身具备的强大功能，教师能够制作出适应教学需求的相应类型的软件与课件，充分发挥出教学当中计算机应发挥的作用。

（1）操作与练习的软件。该软件能够依据学生的学习情况进行对应的反馈，并为其学习薄弱环节提供对应指导。软件也可以借助动画、音乐等技术进一步帮助学生掌握相关知识。

（2）辅导与对话软件。该软件的主要功能是利用学生与计算机之间的互动，实现相关教学内容的学习。学生可以利用鼠标、键盘等设备向计算机输入自己想学习的内容，计算机会在检索之后为他们提供合适的教学录音或录像等。

三、选择小学数学教学手段的依据

（一）根据小学数学教学目的

值得注意的是，现阶段小学数学的教学目的就是让小学生掌握数学的基础知识、获得相关技能等等。教师在进行教学的过程当中，因为教学目的的差异，会选择各种各样适应实际情况的教学手段。就比如若要学生了解并掌握某些较为抽象的数学概念，教师可以选择一些较为直观且形象的手段，更好地帮助学生建立起感性的认识；除此之外，若是要学生掌握数学中的某项运算技能，教师可以运用前文所述的计算板或者数型卡片等工具。

（二）根据教学内容

在进行实际教学的过程当中，因为教学内容并不相同，教师需要根据相应特点选择合适的教学手段。比如，为了引导学生更好地理解分数的意义，教师需要选择学生常见的简单的几何图形进行演示，一般要选择圆形或者正方形；在学生学习应用题的时候，教师可以根据应用题对应的实际意义，利用图片为学生进行展示，帮助他们真正理解应用题所要表达的含义。

（三）根据学生的实际情况

教师在进行教学手段的选择的时候，需要重点参考学生的年级、逻辑发展水平以及知识接受能力等。不同的年级的学生在自身的知识储备、接受水平等方面有着显著差异，要选择不同的教学手段。而且在进行教学材料的选择以及教学内容的设计的时候，教师应当重点了解学习者想要学习新知识还是想要学习某些知识的后续知识，毕竟这两种情况会直接影响教学材料的选择以及之后的教学效果。

值得注意的是，通过对各项教学手段的发展进行研究，我们能够明显发现，在长时间的应用过程当中，教学手段逐步实现现代化的改革，也促使现代的教学方法逐渐拥有了部分多媒体特征。将现代化的教学手段与一般的教学手段进行有机结合与科学合理的教学安排，能够展现出更好的教学效果。在教学过程当中，对于教师来说，应当积极推动实现教学手段的优化组合，并竭尽全力发挥各项教学手段的教学功能。

教学方法的改革是教学改革的一个重要方面。面对科学技术的挑战，小学数学教学内容需要扩充和更新，这就需要有更为科学有效的新教学方法。如果教学手段不更新，大家就只能在黑板、粉笔的条件下作文章，很难在教法上有巨大的突破。

为更好推行教学思想，教师应当在教学过程当中将以此种教学思想为主导的教学方法与现代化的教学手段进行有机结合。教学手段与教学方法之间互相促进、互相影响，最终实现创新发展，从而使教师在教学过程当中有更多的选择。

第四章 小学数学教学基本技能

本章主要内容为小学数学教学基本技能，介绍了小学数学教材分析技能、小学数学课堂教学语言技能、小学数学课堂导入技能、小学数学板书设计技能、小学数学教学媒体技能、提升学生的数学素养以及数学知识向初中过渡等方面内容。

第一节　小学数学教材分析技能

对于教师来说，在教学开始之前需要进行备课，而在备课这一活动当中较为重要的一项工作就是教材分析，只有正确且深入认识教材，才能够更好地开展制订教学计划、设计教学内容等工作，这极大地影响之后教学任务能否顺利完成。

数学教材本身是开展数学教学中的重要资源，能够更好地辅助教师实现数学课程的目标，也是学生学习与教师教学的基础，它有效地连通了数学的教学目标与课堂教学。通常情况下教材本身在广义上指的是各类教科书、网络资源、课件等等；在狭义上，教材主要指的是课本。

一、小学数学教材简介

现阶段，我国使用的教材并不统一，表现为"一纲多本"。但是值得注意的是，各种版本的数学教材本身就表现为不同的编写者对于数学以及数学教学本身的理解与把握。数学教材在编写上呈现出一定的科学性与整体性，在选择的内容上也表现出了一定的过程性，并且相关内容与学生的实际生活有着一定的关联。

数学知识借助数学教材传播。对于小学教师来说，小学教材本身并不像看起来那样简单，只有对其中的各种内容进行深入了解研究之后才能够发现蕴含其中的深厚内涵。比如，小学教师要想切实地讲好圆周率，就需要学习微积分，从而更加深入地了解无限过程的极限。

一般情况下，存在于教材当中的数学知识并未呈现为易于学生接受的教育形态，需要教师积极开展各种教学活动，为学生讲解、演示相关知识形成的过程，促使学生明晰数学知识的本质，了解其中的文化意境。

教材是学生阅读的材料，不同的学生对教材的理解水平是不一样的。教师需要了解学生的认知水平，找准教材的重点和难点、知识点之间的内在联系，帮助学生把握教材。

总的来说，教师若是想要在教学的过程当中更好地使用教材，就需要运用相应的技能与方法对小学数学教材本身进行分析研究。

二、教材分析的基本内容和方法

进行教材分析，其主要目的有以下两点：其一是在了解教学内容之后能够明晰之后的教学范围；其二是深入了解数学的本质，并确定应当怎样开展教与学。所以说，为了更好地推行教学活动，教师与学生应当积极开展教材分析，明白并掌握教材的内涵。一般而言，在进行教材分析的时候首先需要确定教材分析工作的对象，其次要明确分析的方向。通常情况下，我们在对小学的数学教材进行分析的时候会从以下六个方面开展。

（一）分析教材编写的意图和特点

首先需要对教材编写的意图与特点进行分析。值得注意的是，现阶段已知的所有数学教材在编写的过程当中都严格按照相关规定，并且严格遵守数学教学的客观规律以及学生自身的认知发展规律。对于教师来说，在教学过程当中，为了更好地理解教学内容，发挥教学素材资源的作用，教师要明晰教材编写的意图与特点。所以，教师应当改换自身位置，设身处地从教材编写者的角度思考，最终加深对于教材本身的理解。通常情况下，教师可以从以下几个方面对教材编写意图进行分析。

1. 初步浏览，了解教材的概貌

伴随新课标的发布，教师所接触的新教材与原教材相比有着一定程度上的差异，所以教师需要在备课之时了解整本书的内容改动情况，最终明晰新课标教材当中的内容分布以及不同教学单元之间存在的关系。比如可以以苏教版的一年级上册的数学教材为例进行分析，教材内容从最开始的准备课，到之后 20 以内的计算，再发展到认识几何图形、认识钟表等。可以明显发现这些课程内容虽然依次出现于学生的数学教材当中，但是它们之间的部分内容有交集，尽管不同的教学环节之间并不存在较为明显的联系，但是所有教学内容的安排都是教材的编写者按照学生的数学思维发展规律设计的。

2. 认真解读，掌握教材的特点

值得注意的是，在进行教材编写的过程当中，相关专家一定会严格按照相应的规则进行，教材本身有着一套严谨的脉络。所以教师在开展教学之前，应当深入了解教材的编写意图。比如在教授学生了解数的时候，教材并不是通过一个章节将所有的数字都教授给学生，而是分为几部分进行教学。

最开始的教学内容是从 1 至 5 的几个数字，因为这几个数字在生活中最为常见，学生能够更加直观且深刻地了解认识，教师可以通过结合生活经验的方式引导学生更好地形成数字概念。但是 6 至 10 的数字在生活当中并不常见，所以可以将之分散放置在不同的章节当中引导学生学习，这在一定程度上能够有效降低数字学习的难度，更好地促进学生形成数感。

3. 仔细品读，挖掘教材的价值

很多时候，在教学的过程当中，教师认为一年级并没有很多需要教授的内容，所以不好开展教学。但是我们应当明白，这种观点并不正确，之所以有很多普通教师觉得一年级的教材没有足够的、可以讲授的内容，主要是因为这些教师并没有真正领会教材编写者的意图，没有发掘出教材本身蕴含的价值。

下面，用苏教版的一年级数学教材中的部分内容进行举例。

首先是其中为学生设置的准备课的教学内容，这部分内容存在的主要目的是帮助教师在开展教学之前，更好地了解学生对于数的认识情况，以便更好地进行教学安排。

另外，在这一版的数学教材当中，每一章节的前面都绘制了符合本章节的主要内容的主题图。对于教师来说，应当深入了解教材内容，竭力从相关主题图当中寻找相关的隐含的数学价值。值得注意的是，在其中有一个章节的主要内容是教授学生认识 11 至 20 这几个数字，而且在该章节的主题图上面绘制的是许多摆放杂乱的学习用具以及画有水果的卡片。这幅主题图的主要作用就是提示教师应当引导学生对其中大于 10 的某类物品的数量进行数数，学生在数数的过程当中一定会遇到问题，因为主题图中的物品摆放杂乱，学生很难一眼就明白相应物品的数量，由此教师就能够引导学生进一步突出计数单位"十"，而这也能够顺理成章地与之后的教学当中的例题衔接。除此之外，主题图的存在还能够辅助学生在对应章节学习完成之后进行练习，进一步培养自身数感。

在教材当中，编写者还为学生设计了各种各样有趣的数学教学活动，这就需要教师积极开展相应活动并组织学生参与其中，从而更好地帮助学生感受知识的形成过程，并获得丰厚的数学活动经验。

如果不能深入地品读教材，教材的价值是无法得到发挥的。因而教师在教学过程中，要学会品读教材，要从不同的角度挖掘教材的价值，真正理解教材的编写意图。

（二）分析教材的编排体系和知识之间的内在联系

在各类学科当中，数学本身在逻辑性与系统性方面拔得头筹。在数学教学过程当中，不同的知识之间有着一定程度上的关联。在小学数学的教材当中，始终坚持以数与计算为发展脉络，结合各种应用题以及几何初步知识等等，逐渐开始扩展教学的内容。

对于教师来说，若想要对教材进行全面的分析，就需要明晰现阶段推行的课程标准，之后对整部教材的结构进行分析；与此同时，若有余力也可以先全面了解一整套小学数学教材再进行分析。要明确教材的整体结构，掌握其中各知识的联系，明晰相关知识的分布情况以及其自身的重要性。除此之外，教师还应当重点对教材本身的编排体系进行深入分析与了解。

小学数学教材有着系统性与阶段性的特点，所以教师在对不同册的教材进行分析的过程当中，应当明晰其中各部分的内在联系。之后再分析某一册的教材的主要内容共分为几个单元，而每个单元当中的相关内容又能够划分为几个方面，还应当重点分析划分之后的几个单元当中谁是教学当中的重点。教师还应当对所有的单元进行深入了解与分析，明晰其中的重点内容，发现该单元与其他单元之间存在的联系，确保教学过程当中的联系足够紧密。

因为数学体系紧密且数学学科本身十分重视逻辑性，所以教师应当明确了解教材的体系，并熟练掌握教材当中出现的所有知识，才能够更好地为学生设计出科学合理的教学方案。

（三）分析教材预定的教学目标

为更好地开展教学活动，教师需要在教学之初确定科学合理、切实可行的教学目标，由此就能够为之后的教学进行教学内容的安排，还能进一步奠定教学的结构，更加有助于教师选择合适的教学方法。所以说，教师应当对教材编写者的编写意图以及相关编排体系加以深刻体会，并对相关教材进行分析研究，明晰各部分知识的内在联系，最终确定教学的目标。通常情况下，教师在进行教学目标的确定的时候会从多个方面进行考虑，如知识技能、数学思考、问题解决、情感态度等。

（四）分析研究教材的重点、难点和关键

在对教材进行分析的过程中，教师不但要明确教材本身的编排体系与相关知识之间存在的联系，还应当确定切实可行的教学目标，之后根据当前阶段学生的实际情况，对教学内容进行安排，之后设计出科学合理且重点突出的教学过程，以便获得良好的教学效果。

1. 确定教材重点

通常情况下，教师在进行教学安排的时候需要确定教材当中的重点，明确它们在教材所教授的知识系统当中的重要地位，而这也是教材当中最应当被教师讲授、被学生学习的部分。另外，需要注意的是，教材当中的重点也可以依据学生对于相关知识的掌握情况进行确定。

很多时候，教材重点与教学重点之间并不完全等同，尽管二者之间存在一定程度上的联系，但是也有着很大程度上的差别。应通过教材的重点更好地确定教学重点。

2. 分析教材难点

部分小学教材中的难点主要指的是那些对于学生来说过于抽象、难以理

解的知识可能存在新知识的更新跨度过大，很难与旧有知识联系起来辅助学习或不同的知识之间互相交叉，过于繁杂、很难梳理等情况。对于教师与学生来说，各种难以教学、学习、理解、掌握、应用的知识都可以被看作是教材中的难点。

一般而言，对于学生来说，教材中的难点比较多，比如小学生很难快速且顺畅地理解应用题的题意，从而快速进行列式计算。小学生最初接触的是除数为一位数的除法计算，之后过渡到除数为两位数，应用题也开始从最初的简单应用题发展到日后的复合应用题，这些都在很大程度上表明了知识的更迭，且教学内容逐渐从旧知识与旧方法过渡到了新知识与新方法，但是因为新旧之间变化的跨度较大，很容易成为难点。

通常情况下，教材上的难点也属于教学当中的难点。需要注意的是，很多时候，由于不同的学生自身的学习能力、思维能力等方面的因素的不同，一部分难点并不具备普遍性。除此之外，学生所面临的难点之所以能够形成，也有可能是因为教师的教学能力不足或者教学的侧重点偏移。

另外，存在于教材中的难点有着两种截然相反的特性，分别是积极性与消极性。因为难点总是令人气馁，所以我们在生活当中更为关注相关难点的消极性，但是我们应当明白的是，在教学当中，教材难点的存在也能够在一定程度上激励学生形成数学素养，树立创新意识。若是没有困难存在，学生很难产生刻苦钻研的决心。所以说，数学教学中的难点的存在在很大程度上能够充分展现出数学本身的魅力，也为学生在学习当中的开拓进取提供不竭动力。

3. 注重教材的关键

对于教师来说，在面向学生的教学开始之前，就应当对教材中存在的关键因素进行研究分析。值得注意的是，这些关键因素极易确定，主要是那些能够在很大程度上帮助学习者更好地学习某类知识或者能够更好地解决某种问题的内容。只要能够完美掌握这些关键因素，教师就可以直接找到某些重点难点问题的突破口，进而更为顺畅地开展相关内容的教学。

通常情况下，在学习 20 以内的加法的时候，学生最应当学习的关键知识就是"凑十法"，以此来辅助计算，做到更快、更准、更好。除此之外，若想要掌握多位数的乘法，最应当掌握的就是部分积的对位原理。

在关键点这一因素之上，教材与教学的关键同样存在着一定程度上的区别与联系。其中，需要明确的是，教材的关键主要指的是存在于教材当中的某一个关键的数学知识，教学的关键则更多的是指怎样解决相关教学难点。对于学习者来说，不但需要掌握相关知识，还应当重点学习解决的方法与途径。

就比如，在学习教材当中的计算平行四边形的面积的知识的时候，需要将原本的平行四边形裁剪拼贴成为一个长方形，这样就解决了平行四边形计算的难点，进而使用熟知的长方形面积的计算公式进行计算。

教材的重点、难点和关键有时可以相同。

其中，我们常说的计算 20 以内的数字的加法的情况，使用"凑十法"本身属于一个难点，但同时，这种计算方法也是解决这一类问题的关键。

为确保学生能够真正掌握教材知识，教师需要对教材中的所有内容进行全面了解，之后明确其中存在的重点、难点、关键，从而使得学生之后的知识学习更加顺畅。

（五）分析挖掘相关教材，渗透数学思想方法

值得注意的是，在数学教学当中，数学的思想与方法虽有联系却并不等同，其中各种得到应用的数学方法就是对应数学思想的具体表现，而数学思想也能够在一定程度上被看作是数学方法在一定程度上的升华。但是，应当明确一点，在小学数学教材当中，因为数学方法与数学思想本身并不高深，所以它们之间的差别不明显，常常被人们看作是一个整体，被称作数学思想方法。

对于人类来说，数学思想方法本身并不是突然产生的，而是在不断的知识更新换代之后得到的总结的产物，它的存在能够更好地引导学生学习相关知识、掌握对应能力，有力促进自身的职能发展。

为更好地促进现阶段的数学教育改革，教师需要将数学思想方法与对应的教学内容进行充分结合，而若是想要实现这一目标，教师需要深入了解分析相关教材，寻找合适的时机将合适的数学思想方法融入其中。

比如在数与计算以及不同的四边形之间的关系等教学内容当中，存在集合思想；在计算平面图形的面积等方面则能表现出函数思想；在推导圆的面积公式以及圆柱体的体积公式的时候，存在着与之对应的极限思想。

除此之外，苏教版的一年级教学内容当中的第八单元的教学内容涉及 20 以内的对应数字的进位加法，学生需要根据自己所写的 20 以内进位加法的算式，寻找对应规律并总结。除此之外，教师还可以寻找教材上加法表中存在的规律进行补全。通过计算，教师不但能够加深学生对于相关知识的记忆与计算能力的掌握，还能够让学生根据加数与和之间的变化关系明白教学内容当中存在的函数思想。

（六）分析研究教材的例题、习题和练习题

1. 分析教材提供的例题

对于教师来说，在分析教材的时候，需要明晰编者在编写教材的时候设计相关例题的目的，从而确定教材本身需要学生学习的内容，并根据这些内容教授对应的知识点，进行教学安排。毕竟教材当中存在的问题是众多教材编写者不断研究探讨之后才确定的，在某一教学内容的范围之内具有代表性与示范性。例题的存在能够帮助学生加深对自己所学的诸多数学知识的理解与掌握、锻炼相关技能。并且，学生借助例题也能够及时发现自己知识掌握的薄弱点，同时对部分关于知识的错误理解进行改正。

2. 分析教材提供的习题

对于教师来说，为确保学生能够更好地掌握相关知识与技能，并提升自身思维能力，教师要让学生进行科学合理且有针对性的习题训练。所以说，教师在进行教材分析的过程当中，应当重点关注习题的作用。

教师应当明晰教材当中的练习题考查知识的侧重点，之后依据教学的具体安排，在合适的阶段敦促学生练习对应的练习题，加深对于知识的理解与技能的掌握。除此之外，若是教师本人教学能力突出，可以遍览教材中的练习题，去除一些考查效果弱、针对性不强的习题，增加一些能够激发学生思考的信息题，使学生能够从这些练习题当中获得更为深刻的认识，从而进一步提升教学的效率。

通过对教材分析进行六个方面的分析，能够明显发现，若想获得良好的教学效果，需要深入了解教材、深刻掌握教学内容。所以说，随着近年来国家不断推行素质教育，教师也应当不断更新教学的内容与手段，精益求精地进行教材分析。

第二节 小学数学课堂教学语言技能

一、数学教学语言的内涵与原则

在课堂教学中，教师是学生学习的组织者、引导者、合作者，教师的组织、引导和合作都离不开教师的语言，教师的语言是教师教育智慧的体现。

（一）数学教学语言的内涵

语言是人类交际的重要工具，课堂教学主要是运用语言的形式向学生传道、授业、解惑。教学语言技能是教师在课堂教学上运用语言传递知识信息、组织课堂教学、指导学生学习、进行师生交流的行为方式，它不独立存在于教学之中，却是一切教学活动中最基本的教学行为。

在教学过程当中，教学知识从教师的输出直至学生的接收，以及教师与学生之间所进行的情感上的交流，主要是借助教学语言实现的。为更好地实现教学目标、传递教学信息，教师需要掌握教学语言。通常情况下，学生对于知识的接受情况会受到教师的语言修养等因素的影响，教师所拥有的语言技能会直接决定自身授课技能的好坏。

（二）数学教学语言的原则

应用于数学学科教学的语言主要指的是教师在开展教学活动的时候所使用的语言。需要注意的是，在进行教学的过程当中，数学学科语言本身呈现出专业语言的性质与特点，并且还表现出自然语言的特性。除此之外，该种语言本身也具备书面语言与口头语言的特性。

通常情况下，小学数学语言的教学应当明确遵守以下几条基本原则。

1. 科学性原则

数学本身是以存在的形式或关系作为研究对象的学科。作为形式化科学，数学主要通过符号化且精确化的语言对"抽象的抽象"进行表现，这种表现形式能够对现实世界进行更加精确且合理的反映，所以更应凸显其科学性。在数学的各种概念、规律、法则当中，为保证自身科学性，教师需要严格使用精准简练的教学语言进行表达，绝不能存在谬误，毕竟需要保证经由数学语言表达的对象与意义应当是精准、确定的，绝不存在模糊的空间。很多时候，若是增减一字，教师就会表达出不同的含义，比如"降低了"和"降低到"以及"增加了"和"增加到"之间的区别、"除"与"除以"之间的区别，等等。

下面我们可以用一个例子说明数学语言严谨的重要性：在某公司的经营过程当中，上一季度的利润增加了 3 万元与增加到 3 万元所表达的意思截然不同，其中"增加了"表示的是在原有的基础之上多了的部分，"增加到"则是指现阶段的状态。

2. 严谨性原则

通常情况下，严谨就是要保证合乎逻辑。而数学本身就是极其严谨的科学，在小学数学教学当中所使用的数学语言要呈现出十分严密的逻辑结构。数学中的各种公式定理等的语言有着极为严密的逻辑性，主要表现为该语言所描述的条件本身不存在矛盾且充分，而且相关条件必须精确，不可冗杂，也不可过少，最终描述的结论必须是合理的。

基于小学数学教学当中所使用的数学语言严谨性原则，教师需要保证在使用小学数学语言的时候表述清晰、条理分明，有着前后的因果逻辑，否则就会极大地影响学生的学习效果。

下面通过例子进行说明：有些时候，教师在授课过程当中讲述平行线的定义"平行线是不相交的直线"，这句话的错误是定义过宽；"有小数点的数叫小数"，这句话的错误是循环定义。

3. 简洁性原则

很多时候，文学家为了表现出事物之间存在的关系，会使用各种生动形象的词语加以修饰，但是这种修饰工作并不适用于数学。小学数学语言的主要特征之一就是简洁性，小学数学语言的简洁性要求教师教学时的语言要简洁明了、言简意赅，用最简练的语言表达最丰富的内容。

小学语言需要始终保持简洁性与严谨性，不可增减文字。比如存在于文学作品中的"一棵漂亮的仙人掌"中的"漂亮的"三个字并不会对这段话造成本质上的影响；但是"一条过点 F 的直线"，若是删除当中的"过点 F 的"，就会直接改变原句的本意。

4. 启发性原则

值得注意的是，数学的存在本身能够帮助学习者进行思维上的训练。在小学时期进行的数学语言教学能够更加深刻、彻底地对小学生进行思维训练，并获得显著效果。另外，小学数学语言教学能够在很大程度上锻炼学生的思维能力，激发其学习兴趣，引导他们全面且深入地思考问题。通常情况下，人之所以产生思维活动，就是因为产生了想要解决遇到难题的念头，所以对于教师来说，若要在教学当中始终遵循启发性原则，就需要为学生创设出合适的问题情境，引导学生进行思考，让他们更好地学习教学内容、掌握相关知识、发挥自身主动性、锻炼学习知识与解决问题的思维与能力。

5. 可接受性原则

教师在进行小学数学语言教学的时候，应当格外重视学生发展阶段的特性。比如，教学对象为低年级的学生的时候，因为他们自身很难理解抽象的概念，所以他们会在学习过程当中更加依赖具体形象的描述；而伴随着学生年龄的增长，教师可以适当增加符号语言教学的比重。总的来说，因学生的接受能力而开展的小学数学语言教学能够直接表现出可接受性的原则。

基于可接受原则，在进行教学的过程当中，教师需要保证相关内容具有阶段性，逐渐从容易转向困难。对于新知识，教师可以先使用模仿的方式，引导学生基于相关了解，熟悉部分重要程度较高的规范语言。之后伴随教学内容的不断深入，教学难度不断增加，使学生彻底掌握小学数学语言。数学中的各种公式、法则、定理等在表述上十分简练精准，所以为了确保学生能够准确掌握，教师需要引导学生先学短的再学长的，方便学生理解。另外，若是存在部分难以被学生理解的复杂的小学数学语言，教师需要使用分解法开展教学。对于教师来说，教学内容的安排并不是死板僵化的，需要及时根据学生自身的学习情况进行调整，以便更能适应学生的需求，进而获得良好的教学效果。

6. 形象、通俗原则

在小学数学语言教学当中还存在着形象、通俗原则，之所以推行这一原则，主要是为了促使学生更好地理解数学知识、建立数学思维。对于那些存在于小学数学教学中的过于抽象、难以理解的概念，教师要基于形象、通俗原则，通过简单易懂的语言，剖析复杂的知识与问题，方便学生理解。

7. 示范性原则

在小学数学语言当中还有一项较为重要的原则——示范性原则，这项原则要求教师在教学过程当中应当规范化地使用小学数学语言，在一点一滴中对学生产生一定程度上的影响，最终使他们更好地理解与掌握小学数学语言。值得注意的是，在数学当中，存在众多标准的专业术语，无可更改，否则就会产生歧义。所以说，教师在备课的时候需要明确怎样在教学当中使用规范的小学数学语言，以便对学生进行正确的引导。令人遗憾的一点是，现在的很多教师并不重视自身数学语言的规范与精准，过于随意，这直接导致学生很难正确理解数学语言。

二、数学教学语言的构成要素

教学口语与教师态势语是数学教学语言当中的两个重要的构成要素，而它们也属于一种较为常见的教学行为。

（一）教学口语

在课堂教学当中，教师传授知识的时候所使用的口头的教学语言被称作教学口语。教学口语的应用能够直接影响教学效果。课堂教学，需要教师在一定的空间当中面向特定的对象使用教学口语，教师所使用的教学口语的语言形式、内容以及声音的表现都会对最终的教学效果产生直接影响。所以说，教师在教学过程当中应当格外重视教学口语的使用，应重视声音的音高与音量的合理调控以及语速和语流的变化，确保教学过程当中，教师的声音足够抑扬顿挫，从而激发学生的学习兴趣。

1. 语言规范

教师在授课的过程当中应当明确语言规范，就是全程使用普通话。毕竟对于学生来说，教师所使用的语言若是不标准、不规范的，会直接影响到自身对于相关教学内容的理解。

2. 吐字发音清楚

教师在教学过程当中，为了保证学生能够清晰理解教学语言内容，需要保证吐字清晰。需要注意的是，现阶段大多数年轻的教师已经能够使用纯正的普通话全程教学，然而，部分青年教师依旧存在一些较为明显的问题，比如"吞字""秃噜字"与发音死板这两个问题。其中，"吞字""秃噜字"主要表现为青年教师的唇舌无力导致的发音不到位与字音不清晰，而发音死板的主要问题表现在许多教师过于追求每个字的清晰与正确，在教学时毫无语音上的灵活变化。为解决上述问题，教师需要控制吐字的力度、锻炼吐字的技巧，不可含糊，在吐字发音的时候要确保所有音素都是整齐完全的。

3. 音量适当、语速适当

音高、音色、音长、音强属于语音的四个基本要素。在教学过程当中，教师的音量选择十分重要，而音量主要就是指语音中的音强。通常情况下，教师的最佳音量选择是中强音量，保证最后一排的学生能够听清楚，因为这一音量范围能够保证教师发音轻松、学生易于接受。若是音量过大，会在一定程度上导致学生听不清晰，一段时间之后也会出现听觉疲劳的情况。在教学过程当中，教师需要保证发音时有足够的底气，声音不能虚，否则会影响学生注意力的集中，也不易营造出热烈的学习氛围。

为表现教学语言的层次、顺应教学内容的需要，教师需要合理变化音量，以便更好地调动学生的学习兴趣与注意力，进而获得良好的教学效果。

任何人在日常生活中的讲话速度都不相同，但需要注意的是，在教学过程当中使用的教学语言本身对语言的速度有着规定，不可随意变化，毕竟不同的语言速度会直接影响教学效果。比如，若教师的语言速度较快，其中隐含的信息就很难被学生全部接收；若语言速度过慢，就会导致学生接收相关信息之后无所事事，注意力难以集中。所以说，语言速度本身会直接影响学生的学习效果。通常情况下，若学生的注意力集中，教师就可以使用较快的语言速度与较低的声调进行教学，以便学生接收更多的信息；若学生的情绪低落、思维迟缓、注意力涣散，教师就需要使用较慢的语言速度与较高的声调进行教学。

4. 语调自然适度，声韵达情

通常情况下，语调主要指的是教师在教学过程当中声音的高低变化、抑扬顿挫、轻重缓急。教师通过灵活多变的语调，能够更好地向学生传递信息。抑扬主要指的是根据教学过程中表达的内容不同，教师会对语势进行变化；顿挫则是帮助教师的语调更有层次感。顿挫主要分为语法停顿、感情停顿、逻辑停顿。其中，语法停顿主要指的是教师在授课的过程当中，某一语句根据自身的语法结构而必须进行停顿的情况；感情停顿主要指的是教师根据教学过程中的情感表现而自行决定的水到渠成的停顿情况；逻辑停顿主要指的是根据相关语句自身的语义与逻辑关系所进行的停顿。另外，轻重缓急中的轻重主要指的是教学过程中语音大小强弱的变化，教师要根据实际情况的需要进行变化，以便增强学生的注意力；缓急则是指教师在语速上的快慢变化，根据学生在课堂中的注意力表现，教师需要自行调整教学语言速度的快慢，以便学生能够完整且准确地接收教师的教学语言中的所有信息。

（二）教师态势语

在数学教学中进行思想表达与情感交流的时候，教师不只会使用口头语言，也会使用部分非语言行为进行表达。其中，非语言行为中的"非语言"主要指的是教师在教学过程当中利用自身的各种动作变化对信息进行传递，即态势语。

教师使用态势语主要是为了对口头语言的表达内容进行辅助，涉及的非语言因素有手势、表情、肢体变化等等。很多时候，态势语也被称作体态语。一般情况下，我们使用的态势语包括姿势语、手势语、表情语、目光语等等。

1. 姿势语

对于学生来说，教师的姿势语能够给自己带来极为强烈且深刻的第一印象。所以说，教师若是在教学过程当中始终保持精神饱满、身姿挺拔的状态，就会振奋学生的学习情绪、激发学生的学习兴趣、增强学生的注意力。教师若是站立讲课时间久了感到疲惫，可以将身体的重心放在一侧腿上，但是需要保证身体不会产生较大幅度的偏移，不可摇摇晃晃重心不稳。教师应当时刻注意自身在学生面前的形象，及时克服各种不良习惯，以免影响学生在学习中的注意力。

2. 手势语

在教学过程当中，教师能够借助合适的手势语有效增强教学语言的表现力，两者相辅相成。通过极强的感染力，教师能够更好地增强学生的注意力，激发学生的学习兴趣，吸引学生广泛且深入地参与其中，加深学生对所学内容的理解。并且，教师在积极引导学生更加顺利地掌握所学知识的时候，能够使学生获得更强的学习信心，最终获得良好的教学效果。

在课堂教学中，手势使用得当，可以增强语言力度、强化要传授的数学知识、给课堂增添亮色和活力。教师在教学过程中，要根据教学内容、针对不同教学对象，适当地选用不同含义、不同指向的手势语，这样可以使教学内容生动形象。当学生自己参与到手势语的交流中时，手势语可以唤起他们的注意力。

（1）运用手势语，唤起学生注意力

通过心理学领域的相关研究，明显发现处于低年级阶段的学生并不能够保持较长时间的注意力，通常情况下只能够保持 8 至 10 分钟，若是教师在学生注意力不集中的时候只是强硬地要求他们"集中注意力"，并不能够获得理想的效果，这种命令式的教学方式很容易招致学生的反感。所以，教师为集中低年级阶段学生的注意力，可以选择幽默的话语或者为他们创设出有趣的情境。比如教师利用手势语，引导所有学生和他一起做动作，再配合语言上的鼓励，使学生感觉新奇、有趣，使他们的思维重新活跃、精神得到振奋、注意力得以集中。另外，若是在学习乘法口诀的时候，由教师带领学生一边背诵，一边有节奏地拍手，能够进一步调动学生的学习积极性与主动性，激发学生的学习兴趣，促进学生对于新知识的记忆。

（2）借助手势语，促使学生主动参与

对于大多数学生来说，数学课本身十分枯燥无趣，一旦完成新知识学习的任务，他们就很难再调动起足够的兴趣进行之后的学习，并且很多时候，教师为了让学生能够熟练掌握新知识与新技能，进而解决问题，会让学生进行大量相关题型的计算、板演等等，致使学生的学习积极性下降、学习兴趣遭到重创。所以，教师可以选择合适的方式活跃课堂气氛，比如在进行口算的教学的时候，教师可以要求学生使用手势语表示答案，所有学生都要参与，以免部分学生因为知道自己不用作答而注意力不集中。

（3）运用手势语，帮助学生理解教学内容

对于很多低年级的学生来说，在学习数量关系的时候，很容易理解形象的内容，却会被抽象的那部分内容困扰。为解决这一难题，教师可以使用手势语，帮助学生更加直观地进行理解。比如教导低年级的学生学习求和问题的时候，教师可以使用较大幅度的手势动作，将两只手合拢，并说"把两部分合起来就是总的数量"，以表示求和就是将两部分加起来，使用加法进行计算。在讲解剩余问题的时候，教师将两只手合起来，说"这是一个整体"，之后通过手势动作表示从中分出一部分，示意剩下的一部分，说"求剩下的部分"，使学生能够明白这里的"去掉"就是减去的意思，也能够通过这一过程更好地了解减法的意义，让他们明白在求剩余问题的时候需要使用减法计算。对于低年级的学生来说，教师使用手势语能够更加直观地表示出不同问题中的数量关系，有效锻炼了学生的思维能力。

在数学的教学过程当中，会涉及行程问题，教师可以使用手势对两个物体的运行情况进行表示，使题目更加直观、清晰、易懂。教师在对两物体同时出发、相向而行进行演示的时候，会选择将两只手掌相对并间隔一定的距离，之后逐渐靠近，最终掌心接触就代表相遇。诸如此类的问题都可以使用手势进行表示，对于学生来说，这种演示方式更加直观明确。

（4）运用手势语，让学生积累信心、体验成功

很多低年级的学生内心不够强大，很容易因为一点小错误产生心理崩溃的征兆，所以教师在教学的过程当中的一项重要任务就是帮他们建立信心。教师要借助手势语，使这部分心理脆弱的学生能够更加容易地体会到学习的乐趣。

低年级的学生可以与教师约定"对"与"错"的手势语，这样在教学过程当中，当教师要求学生们对某一问题的答案表达对与错的看法的时候，所有的学生都能够通过手势语参与评判，这样能够有效增强学生的参与感，也不会因为吵闹影响教学的进行。教师通过教导学生使用手势语进行部分问题的判断，让教学变得更加方便、快捷，且不会因为学生七嘴八舌地回答问题而出现部分学生盲从的现象，更能够准确检验学生的知识掌握情况，教师能够根据这些较为真实的反馈合理制定之后的教学安排，从而进一步提升教学的效率。

在教学活动中，教师的肢体语言是辅助教学、吸引学生注意力的"彩屏"，教师应充分利用它营造轻松和谐的课堂气氛，诠释自己的思想感情，引导学生主动学习，这样才能更好地完成时代赋予教师的神圣使命。

3. 表情语

教师在教学过程当中，也需要使用表情进行辅助，即表情语。一个教师，

若是能够熟练地在教学过程当中合理使用表情语，就能够更好地开展教学工作，收获良好的教学效果。通常情况下，教师在课堂中会使用两种类型的表情语，其中一种较为规范化、模式化，要求教师的表情足够亲切、和蔼、开朗、温暖，这种表情能够有效减轻低年级学生的学习压力，进而营造出良好的学习氛围。除此之外，还有一种类型的表情语并不固定，需要教师根据教学的实际情况做出合适的表情，或是对学生们知识掌握情况不如意的"遗憾"表情，或是学生熟练掌握某项知识技能时的"赞叹"表情，需要教师自己把握。教师在授课过程中，表情应当适度变化，避免哗众取宠。

4. 目光语

很多时候，眼神能够表现出很多未曾说明的话语，所以我们常说，眼睛是一个人心灵的窗户。在教学过程当中，学生能够从教师的眼神或者面部表情上了解教师的意思。很多时候，教师与学生之间也会使用眼神实现情感上的交流，甚至经过部分人的统计发现，在教学过程中，若教师与学生之间存在 70% 及以上时间的视线接触，教学效果就不会令人失望。所以说，在教学过程当中，教师需要积极利用自己的目光，使用严厉的目光制止上课走神的学生，使用鼓励的目光保护怯于回答问题的学生的自信心，使用赞赏的目光表扬认真听讲且积极回答问题的学生，等等。教师可以利用自己的目光掌控课堂，为学生带来良好的教学体验。身为优秀的教师，绝不应当视线飘忽不定，不可以不敢直视学生，要保证双眼有神。要将教师最完美的一面传递给学生，否则会影响学生的学习主动性与积极性。

5. 空间距离

在空间距离方面，教师在授课过程中大多数时候站立在讲台后面，部分时候可以缓步行走在教室当中，以拉近教师与学生之间的关系。对于上课走神、开小差的学生，教师可以通过走近的方式进行暗示，促使他们集中注意力学习。除此之外，教师还可以走向后排，通过靠近后排学生的方式表达自己的亲近。另外，需要格外注意的是，教师在教室当中行走的时候要格外注意自己的速度，以免影响学生学习时的专注力。对于低年级的学生来说，教师若想要表示亲近，可以轻轻拍肩膀。但是拉近距离、拍肩膀这种事情并不适合高年级的学生以及与教师性别不同的学生，这时候教师就需要严格注意距离感，从而确保自己的动作不会引起学生的反感。

第三节　小学数学课堂导入技能

一、导入技能的内涵

一般而言，在一堂课开始之前，教师会进行导入，以此提示学生"收心"，将注意力集中在之后的学习当中。导入的存在能够在一定程度上激发学生的学习兴趣，也能够帮助学生明确之后的学习目标。导入的存在能够促使学生对之后的学习充满兴趣，并进一步激发学生学习的积极性与主动性，可以显著提升教学效果。

导入技能中的"导"就是指由教师进行引导，"入"就是指进入学习。导入技能的存在就是为了让教师更好地引导学生掌握学习目标，集中注意力开展相关学习。通常情况下，使用导入技能这种教学行为是为了在开展新课程教学的时候引导学生集中注意力，使他们怀着饱满的学习兴趣投身学习当中。

导入技能的使用较为复杂，教师应当全面了解教学内容，明确教学目标并根据学生的实际情况，通过相关导入手段，设计相应的导入情境。学生在加入这一导入情境的时候，会根据其中存在某一问题展开思考，之后顺着问题解决脉络，逐渐将注意力集中到学习当中，并且在这一过程当中，学生会将自己的所有思维明确指向教师重点设定的教学内容上，从而更加顺利地进行之后的新知识的学习。

二、导入类型

教师在进行数学知识的导入的时候，需要保证一切都依据数学学科本身的特点展开。因为数学本身以逻辑性严谨著称，所以若想要开启新知识的学习，教师需要基于已经存在的旧知识进行导入，最终引出新知识。尽管不同的年级数学学习的内容不同，但是都遵循着同样的规律。利用导入功能，能够使学生以旧知识为基础开辟学习新知识的路径，从而更好地参与到之后的新知识的教学活动当中。

小学生很难理解抽象思维，但是数学本身却极具抽象特点。所以，教师在导入教学手段的时候，应当有目地选择一些较为直观、具体的教学手段。

数学本身在日常生活中被广泛使用，所以在进行教学的过程当中，教师可以基于日常生活的实际经验进行导入，以便学生更好地理解。

小学数学课因为数学自身的独特特点，存在以下几种导入的方法与类型。

（一）开门见山、直接导入

较为常用的一种方法是直接导入法，这种方法并不复杂，只需要教师在教学开始的时候直接向学生们说明这节课要讲授什么内容，并明确学生应当达到怎样的要求。比如教师在练习课开始之前，可以直接说明这节练习课需要利用之前学习的内容进行相关计算，这样就能够使学生明确自己学习的内容与学习的目的。

一般情况下，直接导入法常见于"起始课"，简单来说就是全新的教学内容开始的课程。这时候，因为并不存在旧知识的迁移与连接问题，所以教师就只能以学生自身的生活经验为教学的切入点。

（二）以旧联新、迁移导入

某些新知识虽然较为常见，但学生对它并不了解，这时就可以基于学生对于相关旧知识的了解进行导入，因势利导，选择合适的方法。比如教师想要开始教授学生们认识圆的课程的时候，可以从引导学生介绍自己了解的各种平面图形的方式上导入，将学生所介绍的各种平面图形都绘制在黑板上，在合适的时候揭晓这节课的教学内容"圆"，向学生们介绍这些平面图形之间的区别与联系，使他们知道不但有线段组成的平面图形，也有平面上的曲线图形存在，这就是这节课的重点——圆。在激发学生的学习兴趣之后，教师顺理成章开始授课。又如，教"有余数的除法"时，先投影显示六个梨、三只盘子，指名学生到投影仪上把六个梨平均分放在三只盘子里，他会很快分完。这时老师在投影仪上又加一个梨，继续让学生把七个梨平均分在三只盘子里，结果剩下一个梨无法平均分，教师趁势让学生思考：什么变了？什么没有变？剩下的数叫什么数？通过观察比较，学生能够理解正好分完的叫"整数除法"，不能正好分完的叫"有余数除法"，剩下不能分的数叫"余数"。这样学生既温习了旧知识又掌握了新知识，有助于学生形成良好的认知结构，对知识掌握也更加深刻。

（三）设障立疑、激发导入

人之所以学习，就是因为对某些问题产生了思考，而思考之所以产生，就是因为诞生了疑问。教师要善于通过提出问题激发学生的学习兴趣，启迪他们思考。某位教师在讲授关于长方形与正方形的面积的计算的时候，引导学生思考采用什么办法比较这两个图形（单位：分米）的面积大小。因为这两个图形并不大，所以有同学提出可以使用割补法，将各个不同的图形叠加在一起，这样能够较为直观地比较出大小。另外还有学生认为，可以使用 1 平方分米的方块进行测量。教师在了解学生们的想法之后，首先对诸位同学的思考成果表示了赞赏，但是，紧接着提出了一个问题：若是测量我们国家的面积是否还可以使用这种方法呢？同学们这才明白自己提出的各种想法虽然具备可行性，但是过于麻烦，对于较大的面积计算来说不切实际。所以应当采用什么样的办法求取这一类图形的面积是学生需要解决的疑问，而这滋养着学生的探索新知的欲望。

（四）创设情境、问题导入

我国教育部门发布的课程标准明确要求数学教学应当针对具体教学内容，保证学生能够通过直接或者间接的方式获取经验。简单来说，就是根据学生的实际情况，创设出与之契合的、能够帮助学生更好地进行自主学习的问题情境，积极引导学生对新知识进行思考探究，有效增强他们对于各种问题的发现、提出，以及分析与解决的能力。值得注意的是，各种各样的研究实践发现，若是研究的素材来源于现实生活，那么学生在学习上就会兴趣倍增。在课堂上，如果教师能把教材中抽象、深奥的数学知识与生动有趣的生活情境进行结合，就能够使枯燥的教学内容变得形象具体，这样就降低了知识教学的难度，有利于调动学生的积极性和主动性，并使数学充满生命力与活力。所以说，教师应当根据学生自身拥有的旧经验进行新课的导入，使学生所接触的数学问题来源于自己身边，从而让学生产生浓厚的兴趣与强烈的学习主动性。

通常情况下，我们通过以下途径可以实现情境创设。

1. 联系现实生活导入

下面是在认识圆的课程当中，教学内容与现实生活进行结合的例子。

（1）揭示主题，引出问题

教师问学生们在现实生活中，自己的身边都有什么是圆形的。学生们踊跃回答，包括轮胎、太阳、硬币等等。之后教师可以夸奖学生观察力强，并说明现实生活中的圆可真是到处都是，接下来带领学生通过投影更加深入地认识圆。

（2）多媒体课件演示

场景一：将一颗石子抛入宁静的湖面，激起一道道涟漪，引导学生观察涟漪的形状并探究产生的原因。

场景二：马路上有四个轮子的小汽车、有两个轮子的摩托车与自行车等等，这些车的轮子都是圆形的。

场景三：在公路边站立的小林心血来潮，开始思考为什么车轮是圆的，难道其他形状的车轮不能行驶吗？

场景四：然后，马路上的各种车被换上了各种形状的轮子，这就导致所有的车子都难以顺利行驶，或出现抛锚，或出现事故。

在观看完所有场景之后，教师询问全班同学有什么问题，有同学询问为什么石子投入湖中之后会出现圆形的波纹，又有同学问为什么车只有在拥有圆形轮子之后才能顺利行驶。而教师也借助学生的疑问正式进入正题，总结道："凡此种种，圆的奥秘无穷，下面我们就一起走进圆的世界，聊一聊诸多奥秘。"之后开始圆的教学。

上述这一段课前的导入对话从学生的日常生活切入，使学生能够从另一个角度了解生活中的常见事物，进而激起学生的学习兴趣，唤起学生的求知欲。

2. 创设故事情境导入

对于大多数少年儿童来说，一种十分有效且最受欢迎的导入方法就是讲故事。一部分被导入的故事能够让儿童的生活经验得到唤醒，之后学习其中抽象的数学知识；还有一部分故事能够积极引领学生解决一些生活中遇到的简单的数学问题。通过故事导入法，原本较为枯燥的数学课逐渐充满趣味性，久而久之，学生的思维能力、联想能力会得到增强。但是需要注意的是，故事导入法当中，故事只是工具，是为了更好地开展之后的数学教学，绝不可本末倒置。

例：分数的认识。

师：同学们，喜欢听故事吗？

师：老师给大家讲一个"猴王分饼"的故事。猴山上的猴子最喜欢吃猴王做的饼了。有一天，猴王做了三块大小一样的饼分给小猴们吃，它先把第一块饼平均切成四块，分给猴 1 一块。猴 2 见到说："太小了，我要两块。"猴王就把第二块饼平均切成八块，分给猴 2 两块。猴 3 更贪，它抢着说："我要三块，我要三块。"于是，猴王又把第三块饼平均切成十二块，分给猴 3 三块。小朋友，你知道哪只猴子分得的多吗？

生 1：我认为猴 1 分得的多。

师：既然同学们争执不下，那我们就亲自分一下看看，好不好呢？

师：是否有同学知道为什么猴王能够分得这么公平呢？我们可以通过下面的学习找到答案——分数的基本性质。

在教学刚开始，没有枯燥的照本宣科，而是让学生们先接触一个有趣的故事，这样就能够激发学生的兴趣，使他们集中注意力。之后教师再引导学生思考故事当中的问题，学生就会以饱满的热情探索新知识。

3. 利用游戏情境导入

孩子爱玩，尤其容易沉迷游戏，所以可以将教育与游戏进行有机结合，因为游戏本身有着无意注意的特点，它能够更好地帮助学生在无意间习得良好的学习方法，并养成良好的学习习惯，甚至能够在一定程度上将原本较为困难的教学内容简化，进一步减轻学生的学习负担。

例：圆的认识。

教师在多媒体上展示课件，其中有三个场景，场景一是一群学生围成正方形玩套圈游戏，场景二是一群学生围成三角形玩套圈游戏，场景三是一群学生围成圆形玩套圈游戏。教师向同学们提问，这三幅场景当中，哪一个更显游戏的公平。所有学生都回答是场景三，因为圆形中间位置的玩具到每一个同学的距离都是相等的。于是，教师顺理成章地开始了与圆相关的课程。

正是借助游戏的示范，学生们已经对圆有了一定程度上的认识，并且开始粗浅地认识到圆心到圆上的距离处处相等的特性。

（五）动手操作、体验导入

动手操作十分契合小学生活泼好动的天性，它能让小学生把目光聚焦在富有内涵的教学活动中。若要创新，就需要经历无数次的实践探索，学生本人不但善于实践，还渴望创造成功，所以，教师应当培养学生的动手操作能力，使他们在思考中探索。教师要充分准备，引导学生依托现有知识导入新课。比如在教学生了解等腰三角形的时候，教师可以组织学生以小组为单位进行实践操作，其主要工作就是对若干个不同三角形中的每条边进行测量，记录相关数据，力求学生能够独立地探讨和发现其测量结果具有哪些特征，教师借此循序渐进地导入新课。这种方式能够将抽象的知识改造为更加直观的知识，更加容易被人接受。

例：有余数除法。

为引导学生更好地理解有余数除法，教师可以在授课开始的时候先让所有学生都拿出 12 根小木棍，之后向学生提问，询问他们若是将这 12 根木棍以 2 根为一堆摆放，一共可以摆放几堆，并引导他们思考若是列式计算应当是怎样的。之后再询问，若是 3 根为一堆呢？在学生们列出正确的算式之后，再次询问，若是 5 根为一堆呢？这时学生们就能够明显发现，小木棍并不能够实现均分，自己的旧有经验已经难以解决现有问题了。这时就需要求助教师，教师也就可以顺势询问学生的摆放方式，发现 5 根一堆，最后会剩下 2 根，教师可以询问所有学生是不是所有人摆放之后都发现剩下两根，在得到肯定回答之后，教师可以为学生们解释余数这个概念，并开始新课程。

通过直接动手操作、亲身体验，学生能够正确认识到余数的存在，以及在除法当中，余数的产生原因，从而让教师更加顺理成章地开始新的课程。

（六）实际表演、直观导入

在数学教学当中，教师应当积极引导学生参与各种数学教学活动，积累丰富的数学活动经验。在课堂教学当中，教师可以邀请不同的学生上台表演，之后学生能够通过更加贴近生活的情境认识数学模型并展开积极探索。并且，参与表演这种活动，也能够使得学生更加直观地认识各种抽象的原理以及各种烦琐的公式。

（七）增强感知、视频导入

一直以来都提倡就地取材地制作教学用具，创造性地对现有的教学资源进行改造，对于部分有条件的地区，还可以在教学当中使用多媒体、计算机等工具。值得注意的是，在教学过程当中，使用模型、挂图、幻灯片、计算机等，能够使教学内容更加直观、形象、具体，便于学生理解，不仅可以给学生提供鲜活、生动的感性材料，还可以帮助学生们积累大量的感性经验。直观演示的存在，不但能够清楚地揭示客观事物间的联系，还能够激发学生的学习动机、强化学生的感知。

在课堂中使用现代教育信息技术，能够使声、色、形、动、静不断进行交替变化，从而向学生展现形象、具体、生动的视频材料，充分调动学生的学习积极性，这是一种较为优秀的课堂导入法。比如，教授"平行四边形的面积计算"时，教师可以采用多媒体创设一种动画情景，使用"割补法"将之转变成学生熟悉的长方形，进而导入新课，引导学生合作交流、探究新知。新鲜有趣的教学导入，不仅打破了存在的抽象的难点，还成功引起了学生的认知兴趣，最终能够获得事半功倍的教学效果。

三、导入技能应用原则

教师在进行导入的设计的时候，对导入技能的应用要恰当，对时间也要进行合理把握。一般情况下，需要根据下面所述的诸多策略保证课堂导入具备有效性、目的性、相关性、趣味性。

（一）导入应具有实用性

教学手段的存在是为了获得良好的教学效果，所以教师在选择导入方式的时候，应当重点考虑所选方式是否适合之后的教学，即实用性。若导入方式不适合教学的展开，只会适得其反。教师不能够只追求形式多样，而忽略了其本身的实用性。除此之外，也不能够占用过多的时间，防止对其他的教学环节产生影响。

（二）把握导入时间

导入本身只是为了更好地开展之后的教学，所以应当确保导入的时间设置合理，不应过长，以免拖沓，严重时会导致学生在学习时的注意力分散，最终影响教学效果。

教师在导入之时，所用语言应当清晰、简洁，对于相关内容的选择需要保证契合，并且，还需要保证时间安排上的合理，不宜过度。

（三）调动课堂气氛，激发学习兴趣

在教学过程中的导入环节，教师应当根据学生的实际情况，通过对应的教学手段进行情绪上的安抚，并尽力激发其学习兴趣，要通过各种教学手段的实施使学生与教师之间实现情感上与心理上的近距离交流，促使学生全身心投入学习当中。

（四）导入应具有启发性

新课启发教学最重要目的是积极引导学生获得新知识学习过程中的宝贵启示，使学生有思想、有意愿探索新知，保证学生在进行知识迁移时的平稳。

（五）导入方法应具备灵活性

在课堂导入中，"导"并不存在固定格式，应当根据实际情况设置。教师在选择课堂导入方式的时候，应当根据不同的内容选择合适的方式。甚至同一本教材、相同的教学内容，在课堂导入方法上，也会因为各种因素的影响而存在不同，唯一需要保证的是课堂导入本身的趣味性与启发性。

简单地说，有效的导入，能激发学生学习兴趣，启发其思维，培养其自信心。教师只有在教学过程中精心设计，才能提高课堂教学效率。教师要根据不同教学内容、教学目标以及学生特点等来确定相应的导入方式，并保证其灵活多变。我们应在新标准新理念的指导下，因地制宜，精心设计科学的新方法，从而提高我们的教育教学质量和全面育人的水平。

第四节　小学数学板书设计技能

一、板书技能的内涵与功能

在课堂教学过程当中，教师需要通过板书与教学语言帮助学生获取教学信息。在教师所掌握的诸多教学技能当中，一项最为基本的技能就是板书技能。教师在充分了解教学内容之后，基于教学目的与教学要求，结合学生的

实际情况，在黑板上设计出的文字、符号、图画等被称作正板书，这些内容被书写于黑板中央。伴随着教学进程的发展而不断擦除又不断书写新的一些辅助教学的文字与数字等符号，常常位于黑板两侧，被称作副板书。

（一）相关概念

1. 板书和板画

板书的存在是教师为了更好地在教学当中引导学生对相关知识进行理解与掌握，并增强教学效率。在向学生进行信息传递的过程当中，板书需要结合语言、文字、符号、多媒体等等。

在板书当中存在一种较为特殊的展示形式就是板画，它需要教师通过自身简练的笔法，将教学当中需要向学生传达的信息进行形象生动的描绘，以便于学生理解。

板书与板画是为了学生的视觉感受，教学语言是为了学生的听觉感受，这两种感受进行结合之后，学生能够更加清晰地认识并理解教师所要讲授的内容。

2. 板书设计技能

所谓板书设计，是指教师备课之时所设想的在黑板上写的方案安排，它由两部分设计组成：一是内容，二是形式。板书设计技能采用直观性原则，根据教学的内容与目的以及面向的对象的不同，仔细研究设计，确保板书中出现的文字或者图形足够清晰、明确、形象、具体，以便学生对教学内容有更深入的理解。

（二）板书在教学中的目的与作用

在课堂教学当中，板书的地位举足轻重，教师主要依靠它完成教学任务。数学教师在授课中，除运用生动、精炼、准确的语言表达之外，往往也使用无声语言板书进行辅助教学，阐述教学思路。这种板书不仅可以帮助学生记忆所学知识，而且还能起到画龙点睛的作用，帮助学生明晰教材的重点和难点，从而更好地对相关内容进行理解、记忆、掌握。优秀的板书能够帮助学生形成正确而完整的知识网络，从而更好地利用数学语言表达数学问题。

伴随着科学技术的不断迭代，很多现代化的技术手段已经开始被应用到教学当中，但是板书在教学中的重要性依旧难以被撼动，下面我们就总结一下板书在教学当中的重要作用都有哪些。

1. 体现教学意图

板书是教师基于课程教学要求以及自身对于教学内容的理解而设计的，能够重点突出学生学习的重点以及学习的目标等等。

2. 体现精华内容

板书是教师将教学内容进行深入了解并处理之后所提炼出的教学内容中的精髓。教师运用板书能充分表达出教学内容的精华，不但能够积极引导学生对教材加以理解，并可通过简单的结构图示，清晰地向学生展示教材中的思路，让学生明白教学内容的基本思想。教师还可通过板书对教学内容中的层次以及各种错综复杂的关系加以明辨，使教学内容言简意赅、一目了然地呈现给学生。在板书当中，教师可以明确地展示教学中的各种重点与难点，以便学生能够对之后学习的重点与方向胸有成竹。

3. 强化直观形象

数学本身是一门实用的科学，主要用来研究数量关系与空间形式。在数学当中使用的语言主要有三种，分别是文字语言、符号语言、图形语言。数学教师应当充分认识到，因为数学本身所具有的特性，所以数学知识的许多内容，例如公式、数学符号等等，很难通过其他形式进行传输，但是借助板书就能够较好地完成相关教学任务。在教学过程当中，为保证学生能够更好地进行理解与记忆，教师需要使用较为直观、形象的板书。

4. 提高教学效率

板书以凝练简洁的字、线、符号等为载体，勾画教材内容梗概，理清结构思路，构成有逻辑联系、言简意赅、符合学生认知特点的图表，并且及时展示出来，能够促使学生更好地理解和领会。学生在注视板书的过程中，多种感官神经中枢参与其中，能有效强化识记，减少遗忘现象的发生。研究表明，当人们学习的时候，大约83%的人是通过视觉来获取知识的。所以说教师的板书设计是否合理是决定教学效果好坏的一个重要因素。只要不擦除板书，它就会一直存在，同学们盯着板书，通过视觉促使板书内容入脑展开思维活动，更加方便学生对相关知识进行理解与记忆，并能够省去冗杂语言说明，进一步提高教学效率。

5. 长时间传递信息

板书主要以文字为表现形式，值得注意的是，文字的出现从根本上解决了语言交际的局限问题，人们通过文字能够将语言与知识记录下来，这些记录可以被长时间保存与传递。而板书与文字本身有着一定程度上的相似性，因为很多在课堂中使用的信息传递的手段并不能够保证信息的长时间留存，而板书却能够解决这一问题。就比如在结束一节课之后，学生们看到黑板上铺满了各种重点内容，就会很容易得到心灵上的满足。

6. 为学生作示范

对于教师来说，一个优秀的板书能够更好地突出教学内容中的重点以及各种知识之间的联系，也可以充分调动自身视觉感官，使自己获得美的感受，还能够进一步增强教师与学生之间的情感上的交流，并使学生拥有更愉悦的学习享受。板书若是能够做到整齐规范，就可以对学生产生潜移默化的影响，在一定程度上提升学生的书写能力。其中，板书对小学阶段的学生能够产生巨大的影响，因为这个年龄阶段的学生尚处于认字与识字的阶段，教师的板书对他们有着引导与示范的作用。经过精心设计之后的板书能够为学生带来视觉与情感上的优秀体验，还能够在一定程度上加深学生对于相关知识的理解与记忆。

二、板书设计的原则与基本要求

（一）板书设计的原则

1. 科学规范性原则

在板书设计中，科学规范为第一原则。教师应当使用科学准确的表达方式，切实表达出教学内容中的重点，还要能够充分结合实际情况。除此之外，还应当保证使用的语句清晰、用词准确、图表规范等等。科学规范性原则要求板书的内容以及整体结构等方面都是准确的，而且还能够在一定程度上突出教学的重点与难点。

规范性，就是要求教师在进行板书的时候用规范字，不应出现错别字。黑板上的字大小应匀称、字形应整洁、笔画要清晰，使之既能起到美观作用又便于记忆，确保所有的学生都能够看清楚。教师通过这种方式就能够有效促进学生对于知识的学习，也让自己在潜移默化中养成良好的书写习惯。

2. 概括性原则

教师的板书是对一整节课的教学内容的凝练，是教学内容中的关键。板书中的所有内容都蕴含着巨大的信息量，大多数学生都能够借此充分体会到教学的要求以及教学当中的重点与难点，从而全面掌握教学内容。

3. 条理性原则

板书设计应该具有逻辑性和条理性，要能够揭示教材知识结构中存在的内在逻辑关系，以便同学们进行记录、理解、掌握。教师必须对教材内容进行科学的分析与整理，才能确定好板书形式及顺序。条理清晰的板书，可以让学生随着板书所表现出来的各种关系循序渐进，逐渐实现对相关内容全方位的了解，也可以使学生在原有的认知结构上形成有条理且结构层次清晰的完整知识体系，有利于学生将新知识与原有的知识体系进行同化。

4. 针对性原则

对于教师来说，只有根据教学内容以及需要完成的教学目标，结合学生的实际情况，才能够设计出最佳的板书。教学内容本身特点比较多样，所以，教师在进行板书设计的时候，应当严格遵循教学内容的本意，明确其中存在的特征与相关逻辑关系。除此之外，教师还需要依据教学目的的不同进行板书的设计，以便真切反映出教学的目的，使学生能够通过板书深刻理解教学内容中存在的重点与难点。对于接受教育的不同年龄段的学生来说，教师所设计的板书应当根据学生的实际情况设计。

5. 形象生动性原则

对于小学生来说，板书越是形象生动，就越能够激发他们的学习兴趣，并在一定程度上提高他们的学习效率，这一特点在面向低年级学生的课堂上表现得最为显著。所以说，基于生动形象的原则，教师在教学过程当中，需要熟练使用各种插图与挂图，不仅可以在黑板上书写文字，还可以进行会话，以使教学内容更加直观、生动、简单、易懂。借助板画，教师还能够有效激发学生的学习兴趣，增强学生的注意力与记忆效果，让他们深入掌握相关知识，熟练解决各种问题。除此之外，一场生动形象的教学还能够进一步培养学生的审美意识。为更好地进行板书与板画，教师可以合理使用彩色粉笔与白色粉笔进行配合，但是彩笔不应过度使用，以免让同学们目不暇接。

（二）板书设计的基本要求

1. 板书设计要为学生的有效学习服务

板书是教师实施教学的工具，其存在的目的是教授学生知识并促使他们掌握运用，所以说，板书是为教学目的服务的。

（1）板书设计要为学生的"学会"服务

板书是写给学生看的，目的是帮助学生更好地实现学习目标。因此，板书设计必须首先为学生的"学会"服务。

比如，教师在教授学生认识长方体与正方体的时候，所使用的板书要通过条理清晰的表格对比的方式对长方体与正方体的各个方面进行比较，最终促进学生对这部分知识的了解，并有效加深学生的记忆。

（2）板书设计要为学生的"会学"服务

教师在进行数学教学的过程当中，最应当注意的就是首先要引导学生学会相关知识，并在之后培养学生"会学"的能力，最终使学生真正驾驭知识。由此，教师需要在进行板书设计的时候保证全面性、严谨性、系统性、启发性等，使学生不但能够学会相关知识，还能够"会学"，并锻炼学生的思维方式，培养学生掌握良好的学习方法，使他们受益终身。

2. 板书展示的时机要适宜

板书是一种书面语言，在教学当中，它与教学口头语言相辅相成。教师通过板书设计和文字叙述，将教材内容以直观形象表达出来。所以板书一定要和讲解相统一，与其他教学活动相配合。值得注意的是，应当在合适的时机书写板书并展示投影。在教师在讲课时，板书必须和教学同步进行，教师要将有声语言和无声语言"板书"语言紧密结合起来，最终充分调动学生的视觉感官与听觉感官，运用信息传输的叠加原理，帮助学生感知知识印象。

通常情况下，板书展示是教师在讲课过程当中对某一部分较为重要的内容所进行的边讲边写的行为。通过板书展示的方式，教师能够更好地进行新内容的教学。对于教师来说，因为教学任务并不相同，所以不同的教师会采用不同的板书使用方式，有先讲再写的，也有先写再讲的，甚至于还有边讲边写的。通常情况下，对于一些有难度的教学内容，教师要使用先讲再写的方式，先使用口头语言进行详细讲授，之后对所教授的教学内容进行总结并使用板书展示出来。除此之外，对于一些需要讲解例题的理工科的课程来说，教师需要先写再讲，就是先进行板书的展示，之后对板书进行详细讲解。

3. 板书展示的内容要完整系统

很多板书在教学过程当中并不是按照规律出现的，但是在教学末尾也能够组成一个整体。板书是教师对于一节课教学内容的总结，其本身内容完备、体系完整，使学生能够利用板书在课后对相关知识进行总结与思考，加深理解。

三、板书内容设计

（一）板书内容

通常情况下，板书的内容主要包含以下几个方面。

（1）需要确定授课提纲，其中主要包含教师所认定的在进行某些问题研究的时候应当遵循的思路及使用的方法，并基于怎样的程序框架进行；

（2）教学中需要明确的要点与重点，其中主要涉及各种严谨的公式与定理，以及结论、规律和学习要求；

（3）为辅助学生对课堂中的相关知识进行理解与记忆，教师需要在板书当中体现补充材料和其他内容。

其中需要注意的是，在板书中展示的重点主要和教师对于教学内容的重点部分的理解以及自身使用的教学方法与教学风格有关，并且教师也会充分结合学生的实际学习情况进行对应调整。在小学数学课堂教学中，板书内容应基本符合所传授的知识，做到详略适当，突出其中的重点与难点。教师在进行板书设计时，应考虑不同层次、不同要求的教学对象的学习特点、认知能力和心理品质等因素，并充分考虑其心理发展规律及知识水平，从而真正发挥板书的作用，方便学生对教学内容的理解，帮助学生更好地进行思考、记忆。对于学生来说，板书只需要做到表述清晰即可，不需要过于华丽或者过于简单，以免影响自身对于相关信息的获取。只有详略得当的板书才能够有效激发学生的学习兴趣，增强课堂教学对于学生的吸引力，最终提高教学效率。

（二）板书内容的结构布局

1. 板书结构

板书结构，即板书内容的安排，包括题目设计、板书的种类选择、板书内容的呈现顺序及各个部分的呼应与衔接、符号的使用等等。

板书布局是指教师在进行板书设计的时候所需要考虑的不同的板书内容在黑板上所占据的位置关系以及教学当中需要使用的教学辅助工具的位置安排。教师在进行板书设计的时候，应当重点关注板书的结构与布局。

板书布局，就是将每一部分板书放在黑板上，并和教学挂图一起进行空间布置、合理布置投影屏幕，它是课堂教学中不可缺少的组成部分。教师设计使用板书的过程中，既要顾及板书内容，又应重视板书结构和布局。

板书中不可或缺的就是这一节课的主体，必须写出来，使得学生能够明确知道这节课的主旨。另外，我们通常将板书的主要内容分为三种，分别是正板书、副板书、其他板书。

其中正板书指的是那些一直留在黑板上的被教师精确分析概括之后的书面语言，这种板书真切反映了该堂课的主要内容。

副板书主要是指那些可以被随意擦除的板书，主要包括学生已经熟悉但是必须进行的某些计算与推导的过程，或者是一些辅助教学进行的引导学生思维的草图。不管是正板书还是副板书，都应当保证局部内容的完整，通常情况下，教师会将副板书书写在黑板的最右侧或者是两侧。

其他板书主要指的是一些辅助教学进行的工具，比如幻灯片或者投影等等。

2. 板书结构的基本要求

板位安排如同筹划报纸版面，应当精心设计并严密布置，绝不能满板乱画，使得板书凌乱不堪。

我们对于板书的结构主要有以下几点要求。

（1）充分利用

首先需要保证四周空间适当，并且教师在书写的过程当中需要分片进行，确保字号适中、字距适当。

（2）布局合理

教师在进行板书结构的设计的时候，首先要对整体有一个全面了解，之后按照相关内容安排进行合理化的布局。通常情况下，教师可以将板面分为多个区域并进行板书的安排，比如标题区、推演区、绘图区等等。其中较为重要的是标题区，这一区域主要需要学生进行相关内容的认真了解与记录，一般处于黑板的左上方，教师的字体与字号应当做到引人注意与使人印象深刻。推演区通常位于黑板两侧，其中的内容随写随擦。

如有必要，可以把两个以上的部分合并成一个区域。推演区内容比较丰富，还要随写随擦，因此，要单辟一区。书写区可以有一些空白或空格，以便随时补充新信息，使之更加生动形象，便于学生阅读理解；绘图区不要过于死板，可以根据图形的数量及难易程度来决定；便写区用于应付临时情况，一般靠右侧，以免对其他区域造成干扰。绘图区并没有明确要求，需要教师依据图的数量与难度进行安排。

（3）主次分明

就板位的布置而言，不能没有重点，不分主次。教师要准确地将板书内容按主次反映到板位安排中，让同学们清楚地了解重点，从而更好地进行理解与记录。需要分层次的时候，层次序号要正确运用。

第五节　小学数学教学媒体技能

一、小学数学教学媒体技能的作用

教学媒体可以被理解为在教学过程中用来保存教学信息和传递教学信息的工具。教师使用教学媒体能够为教学活动提供非常大的便利，也能够拓展教学信息传播的途径，便于学生通过各种各样的途径来获得学习经验。由此看来，在教学过程中，使用教学媒体是非常有必要的，主要表现在以下几方面。

（一）提供感知材料，提高感知效果

具体来讲，为了更好地展现事物的图像或者其变化过程，教师可以利用

幻灯片、投影、电影或者录像等，这样可以增强刺激、加强关注。另外，在小学数学教学中使用媒体还可以将被观察事物从背景中分辨出来，使感知对象更加突出，将感知对象整体与各部分及其关联物展现出来，为学生产生清晰的表象提供便利条件。除此之外，这种做法还能展现感知对象的本质属性与非本质特征，对于学生来讲，也更加容易辨别。

（二）启发学生思维，发展学生智力

电教媒体在小学数学教学中发挥着十分重要的作用。有助于学生应用比较、分析和综合的思维方法，概括推理形式、理解事物并掌握相关的概念。

（三）增强学习兴趣，激发学习动机

电教媒体在逼真地再现事物和模仿事物的情境方面具有独特的优势，还能展现独特而生动的图像、声音、光线和颜色，具有丰富多样的表现手段和表现方式，能够调动学生的积极性、增强学生学习的兴趣，使学生始终保持旺盛的学习热情。

（四）增强信息密度，提高教学效率

教学媒体在刺激人体多种感官方面具有突出的优势，能够利用多种多样的渠道传递信息，能够在一定程度上提升信息传播的速度、进一步拓展信息容量，从而提高信息密度，提升教学效率。

（五）调控教学过程，检测学习效果

教学媒体，尤其是电教媒体作为教学信息手段，在调节教学过程、检测学习效果方面发挥着重要的作用，能够为教师提供一种全新的思路与手段。举例来讲，教师通过投影的方法可以把学生的习题及时地反馈出来；计算机辅助教学系统有助于学生掌握自身学习的实际情况、检测学习效果，从而开展有针对性的技能训练。

二、小学数学教学媒体的使用及其课堂演示技能

教学媒体在教和学的各种情境中的应用是十分普及的，它有助于拓展教学方法，能够进一步提升教学效率，也能在一定程度上扩大教学规模。由此看来，在小学数学教学中，应用教学媒体有着十分重要的意义。

（一）教学媒体的使用

1. 图片与挂图的使用

图片和挂图在认知目标教学活动中应用得比较普遍，主要用于教授对相关知识的理解、对比、鉴别与分析等。在使用过程中，需要注意以下五点。

（1）在用图片、挂图的时候，必须确保全体学生能看得清楚，并确保图片是稳定的。

（2）在一定的时间内，要对使用图片的次数做出规定，并非图片使用越多越好。

（3）一般来讲，一个瞬间只可以用一张图片，当然，在进行对比、对照的时候可以使用多张图片。

（4）为了更好地集中学生的注意力，教师可以对学生提问相关的问题，这样可以帮助学生在图片中学到知识。

（5）在展示图片、挂图之前，教师应采取多种方式调动学生的好奇心，使学生期待图片的展示。在展示图片时，教师应进行适当的讲解。针对图片的细微之处，教师可以进行局部放大处理，使学生看得清楚。

2. 幻灯片、投影的使用

幻灯机、投影器是电化教育中心的轻设备，具有非常明显的特色，主要表现为表现力丰富、易于操作、具有较好的视觉效果、使用方便、造价低廉。幻灯机、投影器不仅能够提供丰富的直观形象、栩栩如生的画面，还具有丰富多样的表现形式，其用法通常可分为下列五种。

（1）图片讲授法。这种方法具体来讲就是教师在教学过程中使用幻灯片、投影向学生传授教学内容。图片讲授法在教学过程中经常会被用到。教师为学生展示相关的幻灯片和投影，并向学生提问，引导学生根据已有知识经验主动思考，这样有助于学生学习新知识。

（2）导引教学法。教师在备课的过程中，将讲稿写在胶片带上面，在教学的过程中边讲课边拉胶片带。另外，教师还可以将讲稿单独写在几张透明胶片上，在教学的过程中边讲课边播放，如此一来，教师既可以节省备课的时间，也可以省略很多板书。需要注意的是，不要将内容倒置或是漏记内容。

（3）逐次显示法。一是增减法，具体来讲就是在复合投影片的运用过程中，采用递增或者递减的形式，循序渐进地展示教学内容，带领学生从简单到复杂、从局部到整体、由表及里地去理解事物、获取知识；二是遮掩法，具体来讲就是用纸张盖住有教学内容的胶片，根据教学的需要，将遮纸逐渐拉出，将教学内容依次展示出来，或者按照实际的教学情况，随机应变地选择遮掩的方法，这些都能够帮助学生掌握新的知识。

（4）实物投影法。这种方法主要以实物投影教具或者实验演示器件为主，将之投影到幕布上，能够进一步增大演示物的可见度，让所有学生都能在同一时间内对演示物体结构进行分析、探讨现象发生改变的过程和本质，开展直观学习。

（5）声画教学法。在幻灯片、投影教学中，有的教学内容既需要幻灯片和投影的画面，也需要录音机辅以语言解说，实现声画同步，从而在一定程度上提升教学质量。

3. 电影、电视的使用

相比于幻灯片、投影，电影、电视具有更高的艺术价值和更强的动态性，是一种融合了声光和影像的现代手段。电影、电视通过活动画面和伴随声音的方式，能够为学生提供感性材料，向学生传授知识。在使用过程中，可参照下面的做法：

（1）选定内容。在教学过程中，选用影视手段需要具有鲜明的目的性，要以教学目标为出发点，充分分析学生的特点，认真分析哪一章、哪些内容可以使用影视教材，要以便于实现教学目标为根本。

（2）设计程序。将影视手段应用于课堂教学，时机选择至关重要。结合教学实际需求，教师可以在上课之前放映，也可以在讲课结束后放映，或者是边讲课边放映。在讲课之前规划好，常常能收到事半功倍的效果。

（3）映前指导。教师在放映之前需要简单介绍一下播放的内容，向学生讲解放映内容和教材内容的前后衔接，调动学生探索的积极性，引发学生的思考，指导学生透过表象挖掘本质。教师可以预先设置几个与放映内容相关的问题，让学生专注于放映的重点内容。

（4）映中提示。在放映的过程中，如果出现关键性镜头，教师可以进行适当的提示，吸引学生的注意力。教师需要边放映边留意学生的观看状态，确保所有学生都在认真观看。

（5）复习巩固。教师在观看结束后需要对学生的理解情况进行检测，要通过提问、实践或回顾的方式帮助学生巩固所学知识，强化学生的记忆。

4.计算机的使用

目前，大中小学已经广泛关注以计算机为教学媒体的新型教学方式。计算机辅助教学系统是教室、计算机与学生三者组成的自动系统，表现为人机对话。计算机在计算机辅助教学系统中肩负着重要的职责，能够代替指导教师，学生可以直接和计算机进行对话，计算机会根据程序响应解答学生的问题。计算机辅助教学的形式有下列几种。

（1）授课。授课形式采用计算机终端设备，由简到繁呈现教学内容。在授课过程中，还会涉及相关的问题，需要带领学生进行实践，根据学生的反应提供相应的引导和帮助。

（2）对话（问答）。教学过程始终贯穿着对话的形式，主要体现在以问答方式进行人机对话。在计算机上进行人机交互时，一般都要使用到提问这一基本手段。同学们运用对话，能加强对已学内容的认识，能提升自己分析问题和解决问题的能力。总的来说，对话有两种形式：一是由计算机控制进行对话，为个别指导；二是学习和控制的对话，称为询问。

一是个别指导。个别指导就是辅导程序之一，个别指导主要负责概念、规则与系统教材的学习。计算机问学生问题，题型可以是选择题、填空题、是非题等。学生利用按键进行回答，计算机会根据学生的答案进行评判。若学生回答不正确，计算机可以指出学生错在哪里了，还可以分析错误的性质，进而为学生提供补充程序。

二是询问。询问对话可以被理解为给学生创设一个信息环境，和取得资料的系列法则，能够使学生在计算机上积极主动地获取信息。询问方式还能让个别指导更具启发性。

（3）练习。练习是计算机辅助教学中最便捷的方式。练习具体来讲就是计算机为学生提供相应的练习习题，学生根据这些习题做出相应的回应，计算机再评判学生的答案。计算机辅助练习的内容通常有如下几个特点：教材是量化的，可以通过数字来描述学习任务；教师缺乏帮助学生进行复习的时间，可以采用计算机辅助教学中的练习方式。

（4）模拟。一般来讲，授课、对话和练习是根据教师确定的，为学生提供信息的程序。但对于一些研究，尤其是实验来说，通常是比较耗时的，有的难度比较大，有的成绩不明确，有的费用较高，有的甚至存在一些危险因素。尽管实验室可以制作模型，也可以做模拟实验，但是成本较高，结果也未必尽如人意。在这种情况下，教师可以使用计算机模拟教学方法，可以取得事半功倍之效。

（5）阅读。阅读是计算机辅助教学中最重要的教学模式之一。阅读将计算机作为顾问或者向导，使学生掌握相应的学习资料。计算机具有存储、检索和处理信息的功能，充分发挥计算机的这些功能能够帮助学生进行信息阅读、解答相关信息问题、累加统计数据，为研究工作提供有用的线索。

（6）计算。计算机教学越来越普及，这也使人们更加清晰地认识到大部分计算机辅助教学都含有计算功能。学生在接受个别指导的过程中可以选择多样化的模式，便于计算相应的数值结果。

（7）测验和问题解答。在计算机辅助教学中，问题解答和评价是非常重要的方式，这种方式给教师带来了很大的便利，大大减少了教师的活动时间，烦琐的工作可以通过数据分析来完成。学生也可以通过计算机解答复杂的问题。

（二）教学媒体的课堂演示技能

所谓课堂演示，就是教师在上课过程中通过多种多样的实物和直观教学来增强学生的感性认识。

（1）课堂手段大致可分为三种类型：第一类，陈列实物、模型、标本、图片等，强化学生对某事物或者某现象的感性认知；第二类，演示连续成套的模型、标本、照片或幻灯片以及影片等，在一定程度上帮助学生理解客观事物或者现象的发生以及发展的规律；第三类，教师在音乐、体育、劳动课上的示范性动作或操作等。

（2）课堂演示技能要求如下：首先，在演示之前，教师应做好教具的检查和调试工作。对于上课准备做的示范，教师可以预先试着做，避免出现意外情况，给教学带来不好的影响。其次，在示范中，教师应尽量调动学生的多种感官，全面地感受示范对象，将动手与动脑相结合，进一步增强教学效果。再次，教师要指导学生对演示对象的主要特点及重要侧面进行观察，引导学生将注意力集中于细节处，带领学生进行比较、分析、综合、概括，进而归纳出科学的结论；最后，演示要适度。演示应该选取重要内容，不可贪多，每节课的演示要突出重点。具有较强的针对性，进而提高演示的效果。演示之后要进行总结。

第六节 提升学生的数学素养

一、小学"数学素养"的概念界定

"数学素养"是指人们用数学观点、数学思维方式和数学方法进行观察、分析解决问题的能力，是具有数学基本特征、适应于个人的终身发展和社会发展需要的必备品格和关键能力，它是在数学学习的过程中逐渐形成的。

二、小学"数学素养"的具体阐述

（一）数学基本思想

1. 数学抽象

小学数学课程的基本理念提到了课程内容的组织应注意处理好直观与抽象之间的关系。课程目标中的知识技能目标强调引导学生经历数与代数的抽象、运算与建模等过程，经历图形的抽象、分类、性质探讨、运动、位置确定等过程。小学数学教学目标也重视发展学生的形象思维与抽象思维。

2. 数学模型

对于小学数学课程设计来说，其思路重在引导学生经历从抽象数学问题、构造数学模型到求结果、解问题的过程。课程目标中的知识技能目标提出，学生应该经历数和代数的抽象运算和建模这样一个过程。

此过程涉及了经历与体会，旨在帮助同学们加强对具体数学活动的感性认识，深化学生对于数学模型建立过程的认识，这一途径也集中地体现了以学生为中心的教学思想。

数学模型构建需要一定的基础，即能不能理解和理解到什么程度。数学模型构建的过程具体来讲就是引导学生体验数学概念形成的过程，要求学生经历从特殊向一般的转变。构建数学模型有着极其重要的意义，能够帮助孩子们将一个问题扩展为一类问题，换句话说也就是培养由点到面、由表及里的思维过程。根据课程目标提出的要求，在培养学生数学建模素养时应该遵循以学生为中心，让学生经历探究过程，充分感知并理解模型内涵，最终熟练应用模型。

3. 数学推理

小学数学课程基本理念指出，学生应该具备充足的时间和空间进行观察、实验、猜测、计算、推理、验证等活动。小学数学目标强调"发展合情推理和演绎推理能力"。

通过以上论述，可以总结出在数学学习的整个过程中应始终贯穿推理能力的培养。数学推理通常包括合情推理与演绎推理两种方式。所谓的合情推理可以被理解为根据现有事实，利用经验与直觉进行归纳、类比，对某些结果进行推论；所谓的演绎推理可以被理解为根据现有事实和明确规则，利用逻辑推理中的规律进行论证与计算。在问题解决的过程当中，这两种推理的作用是不一样的，互为补充。所谓数学推理是指从数和形两方面去概括、类比和判断事物的过程，能够证明是数学中的一种重要方式，有助于提升学生的数学抽象性。

（二）关键能力

在小学"数学素养"中，最基本的组成部分就是数学关键能力。学生数学能力的生成需要一定的载体，即数学知识。学生要想掌握数学关键能力，就需要在对知识进行理解与掌握的过程中，充分把握数学知识的内涵。

1. 运算能力

小学数学的思考目标对学生提出了一定的要求，需要学生初步掌握运算能力。此处所指的运算能力，是以明确运算对象为条件，运用运算法则解决数学问题。运算的对象种类繁多，既有数字符号，又有字母公式，运算的内容以理解运算对象为主，要掌握运算法则、探究运算的方向、选择运算方法，运用运算步骤获取运算结果的能力。培养运算能力不是一蹴而就的事情，需要长期的积累，只有量的积累足够，才能实现质的变化，最终形成数学运算素养。

2. 空间观念

小学数学思考目标还要求学生体验数感、符号意识和空间观念等。所谓的空间观念可以被理解为从物体特征中抽象出来的几何图形的概念，包括在几何图形的基础上设想出被描绘的真实对象、设想物体方位及相互关系、阐述图形运动变化规律、按照语言的描述画出图形等。所谓几何直观，主要指用图形来描述、分析问题的方法，利用几何能够将复杂的数学问题简单化，也能开拓学生解决问题的思路。

3. 应用意识

小学数学思考目标强调要使学生初步学会从数学的角度发现问题和提出问题，综合运用数学知识解决简单的实际问题，增强应用意识，也就是说要拓展学生分析问题和解决问题的基本方法，让他们体验解决问题方法的多样性。

4. 数据分析观念

小学数学思考目标强调让学生体验统计方法的重要性，培养学生数据分析观念和对随机现象的感悟。数学课程标准重视发展学生数据分析能力，不仅包含过程性目标，还包括结果性目标。在实际教学过程中，教师应引导学生了解现实生活中存在着很多问题，首先要进行调查研究、搜集资料，通过分析判断，体验资料所包含的讯息；引导学生明白针对统一数据可采用多种分析方法，要结合题目背景，选用适当方法，并通过数据分析，体会随机性。数据分析能力对学生来说是一项必不可少的能力，可以说是学生走向社会后不可或缺的一种"数学素养"。

5. 符号意识

小学数学思考目标强调建立数感、符号意识和空间观念。所谓符号意识，是指能理解并使用符号来表示数量、数量关系及其变化规律的意识，学生要懂得利用符号进行推理运算，以此获得一般性的结论。学生树立符号意识是非常重要的，有助于深化对运算符号的认识。

离开了符号，代数便无从谈起，从算数到代数的过程也就相当于符号意识的提升过程。需要特别强调的是，在数学教学中具有一些特殊的表征形式，具有鲜明的抽象性，包括代数领域和几何领域。从这个层面来看，符号意识具有比较丰富的内容，涉及数学思想、代数思想和抽象思维。在具体的教学过程中，教师不仅要让学生感受到数学符号的简洁性，更要让学生感受到数学符号的"准确"和"无歧义"。

6. 创新意识

现代数学教育的一项根本任务就是培养学生的创新意识地在数学教与学的过程中体现得淋漓尽致。创新的基础就是学生自主发现问题、质疑问题；创新的内核是学生能够进行独立的思考；创新的重要手段是归纳概括，进而得出猜想、发现规律，并进行验证。在义务教育阶段，教师应该着手培养学生的创新意识，要在数学教育中将培养创新意识融入其中，为学生创新意识的提升提供便利条件。

（三）数学品格

数学品格是专指长期进行数学活动所形成的实事求是的品格和一丝不苟的特质等，能够帮助学生养成良好的数学学习动机，调动学生学习数学的积极性，培养其丰富的数学情感，锻炼学生的意志力。这些心理品格，不仅有着鲜明的数学特征，还有利于健全人格的形成。

教师要将辩证唯物主义观点融入数学启蒙教育中，对学生开展数学训练，训练学生的严肃性和严谨性，培养学生细致的学习态度以及积极思考与探索的好习惯。

数学品格包含两部分内容：一类是工具性品格，科学技术的各个领域都涉及数学，数学已经成为一种通用技术，"思维严谨"是数学工具性的本质所在；另一类是文化性品格，数学具有自身独特的文化精神，具体来讲就是理性精神。现阶段，在人类文明中，数学有着不可替代的位置，最主要的原因就是数学具备这两种品格。

1. 思维严谨

数学思维严谨，意思就是考虑问题合乎逻辑，有理有据；重视设问条件，一方面注意显而易见的条件，另一方面注意和发掘隐藏的条件；能在没有疏漏的情况下，找到题目的完整解答。在数学活动中，思维严谨的具体体现为如下六个环节：分轻重缓急，把握实质；具体问题具体分析，培养综合分析意识；处事严谨、有条理，具有细致、认真、严肃的学习习惯；有规则意识，有意识地尊重和应用法则来解决问题的习惯；善于计划，拥有有条不紊的良好处事习惯；矛盾与统一、运动与变化的辩证唯物主义思想。

2. 理性精神

小学数学中的理性精神可以理解被为在认识的过程中，人们抽象概括和分析感性材料，在此基础上形成概念判断和推理，进一步探索事物的本质，并进行总结和归纳的探索精神。理性精神在现实中的表现可以分解成以下四部分，具体来讲就是敢于探索、敢于怀疑、善于创新的科学精神；尊重客观事实，言必有据、实事求是的科学态度；用数学的观点看待现实世界的习惯，用数学的思维方法去解决实际问题，用数学的语言表达实际问题；数学来源于生活实践，服务于生产实践的理性精神。

三、小学"数学素养"的提升策略

（一）丰富学生的数学知识

概括地讲，小学数学教学的根本任务是培养学生的数学素养，而学生数学素养的形成和发展又总是建立在必要的数学知识掌握基础上的。具体来讲，主要是获得以下几方面的知识。

1. 获得丰富的数学知识经验

"数学知识是客观事物在数与形方面的特征与联系在人脑中的能动反映。"[①]数学是将数学的概念、定理、公式法则和其他内容作为基本元素，按照严格的逻辑进行编码，利用具体的数学符号和语言表达的逻辑体系。小学数学的学习过程相当于学生掌握这种逻辑体系的过程，理解和内化这一逻辑体系就是学生的学习成果。显而易见的是，小学数学学习给学生带来了很多的成果，其中最直接的成果是获取了人类原有的数学知识经验。举例来讲，学生学习整数、小数、分数及其四则运算，是分阶段的学习过程，要求学生有针对性地了解数的概念和性质、认知四则运算的意义、掌握运算法则和运算规律，充分运用这些知识解决问题。学习的成果就是理解和掌握由这些内容构成的数学知识和经验。同时，在前面我们已经指出，从本质上讲小学数学学习的过程是一个数学知识经验获得的过程，正是这些数学知识经验的获得促进了学生心理和行为的持久变化，这种变化标志着学生数学素养和心理品质的发展。在学习过程中，学生所掌握的数学知识与经验都会得到丰富与提高，有助于学生进一步深化对数学知识的了解，使学生更娴熟地掌握数学知识。

---

① 曹才翰，章建跃. 数学教育心理学［M］. 北京：北京师范大学出版社，2006.

2. 掌握熟练的数学技能

对于小学数学的学习来说，学生往往需要进行一些操作活动和心智活动，比如画平面几何图形、利用运算法则进行计算等活动都属于程序化的数学活动。学生在熟练地掌握了上述活动的步骤后，需要进行反复的实践，使完成这些活动的动作逐渐协调一致，并趋于完美，最后变成自动化活动流程，也就是数学技能的形成。数学技能是构成数学素养的重要成分，它对学生素质的发展具有重要的作用。让学生在学习中获得熟练的数学技能，既是小学数学学习目标和任务的要求，同时更是小学数学学习育人价值的体现。小学数学学习可以让学生形成数学操作技能和数学心智技能，前者是学生在采用模仿的方法和程序化的步骤完成某些数学活动的过程中形成的，学生对这些动作和程序一旦熟练起来，其活动就会形成一种自动化的活动过程，即形成数学操作技能；而后者则是学生经常按照教科书提供的范例或老师的要求，将完成某些数学活动的思维过程一步一步地展开，或者在自己按照一定的程序尝试着一步一步地完成某种数学活动的过程中，通过反复练习最终形成的完成数学学习任务的心智技能。小学数学学习的特点在于帮助学生养成数学素养，学生遵循一定的程序完成教学活动。在这个过程中，学生的脑海里会形成相关活动过程中的表象。利用这些表象，学生能够更加熟练地掌握数学活动的动作，使之成为程序化的动作，最终达到无须在脑海中进行意识活动的步骤就能够完成数学活动全过程的熟练程度，也就是形成一种娴熟的数学技能。

3. 获得基本的数学思想方法

所谓数学思想，就是关于数学规律的看法，它体现了人们对于数学知识内容的性质和其运用的基本观点，是对数学知识本质及运用这些知识途径的进一步总结和提炼。数学思想方法渗透于具体的数学知识中，学生随着对数学知识的不断学习与掌握，将会得到包含在这一知识内容之中的数学思想和方法。通过分析数学思想方法和数学知识这一紧密联系，小学数学学习有使学生掌握一些数学基本思想方法等教育价值。数学思想方法是学生一生受用的思想，有可能为同学们今后的人生及继续深造带来一生都有效的知识。

帮助学生掌握数学思想方法是非常重要的，甚至它在价值上超过了让学生掌握更多的数学事实和数学经验。前文的内容已经指出小学数学学习中要注意的数学思想方法的范围和内容，在学习的过程中，教师要引导学生将数学知识与学习结合、掌握数学基本思想方法。例如，学生学习正比例和反比例时，教师应带领学生探究两个相联系的数量变化规律，了解对应和函数的数学思想方法；教师在推导平行四边形、三角形、梯形等平面图形面积计算公式时，应引导学生体验转化等数学思想方法。

4. 受到数学文化的熏陶

数学既是关于数量关系和空间形式的知识，又是人类的一种文化。数学自身的文化价值决定了数学学习具有让学生受到数学文化的熏陶、增进学生数学文化修养的育人价值。"数学的文化价值主要是指数学对于人们观念、精神以及思维方式的养成所起的十分重要的作用。"[①]数学文化是数学素养的重要组成部分，它对学生的数学素养和人文素养的形成与发展具有十分重要的意义。我国的数学课程特别是现行的义务教育数学课程十分重视数学文化的作用，能够让学生在获得数学知识的同时获得相应的数学文化。现行各种版本的义务教育数学课程标准小学数学教科书都安排了有关数学文化的内容，除了在例题和习题中注意体现数学文化外，还开辟了专栏，用连环画、情境图、文字描述等形式，呈现一些古今中外数学家的故事、数学史、数学美的价值以及数学在生活中的奇妙应用等内容，让学生在这些内容的学习中获得数学文化的熏陶和感染。这些内容的学习体现了小学数学学习的文化育人价值，有利于学生素质的更好发展。

（二）发展学生的思维

"数学是思维的体操"，数学学习的一项重要任务是培养学生的思维能力，这是人们早已形成的共识。可以得出如下结论：提升学生的思维发展水平是小学数学学习的重要价值，促进学生的思维发展可以在一定程度上提升学生的整体素质。在小学数学学习中，有关培养学生思维的问题可归纳为如下三个方面。

1. 初步学会用数学的思维方法思考问题

根据思维发展观点来看，数学学习过程相当于数学思维过程。小学数学

---

① 郑毓信，王宪昌，蔡仲. 数学文化［M］. 成都：四川教育出版社，2001.

学习给学生带来了深刻的影响，对学生的思维方法造成了一定的冲击。学生在学习小学数学时需要掌握相应的数学思维方法，并要灵活运用这些方法分析问题和解决问题。数学思维方法主要指的就是数学思维应用中的一些基本手段，这些手段分别为：观察和试验、比较分类和系统化、总结、演绎和数学归纳法、分析和综合、抽象和概括、一般和特殊化、类比以及映射、联想和猜想等①。在学习小学数学的过程中，有许多实用的方法，比如观察和实验、比较和分类、归纳和演绎、分析和综合、抽象和概括的思维方法，这些方法有助于学生的学习和发展。如在三角形内角和、三角形三边关系、圆周率、圆锥体积计算公式、克和千克的认识、等式的性质等内容的学习中，学生通常都会采用实验的方法探索或验证学习材料所蕴含的数学规律，并得出相应的数学结论。这些内容的学习过程基本上都是一个实验探索的过程。学习带给学生的是实验思维方法的广泛运用，留给学生的是运用实验法探索数学问题的经验和对实验法的掌握，使他们在今后遇到同类问题情境时都会尝试用实验的方法去解决，能自觉地将实验的方法运用到同类或相似的学习活动中去。

2. 改变学生的思维方式

小学数学学习能帮助学生转变思维方式，既能推动学生思维从单向到多向、从静态到动态、从封闭到开放转变，也能促使学生努力将集中与发散思维结合起来、将再现性思维与创造性思维融合起来分析问题和解决问题。小学阶段的数学学习，是由数学内容的本质特点、数学学习的性质、小学生的认知特点共同决定的，具有比较强的客观性。学生通过学习数学知识，能够转变自身的思维方式，并产生较为深刻的变化。例如，学生可以用两根木条做活动角，随角度的一条边逆时针逐渐扩展的过程中，同学们可以看到，活动角从锐角到直角、到钝角、平角连续变化的动力学过程。这个过程开拓了学生的思维，不仅使学生看到了角逐渐变大的事实和四种角之间的关系，还可以改变学生以往所养成的静止状态、孤立考虑问题的思维模式，由此养成动态的、联系的、发展变化的思维方式。又如，学生在四则计算和解决问题的活动中广泛经历了算法多样化、解决问题策略多样性的选择与运用过程，

---

① 马忠林，任樟辉. 数学思维论［M］，南宁：广西教育出版社，1996.

这一学习过程带给学生的显性收获是使他们拓宽了计算和解决问题的途径，学会了用多种不同方法计算同一算式和解决同一数学问题，而对学生更深层次的影响则是促进了学生思维方式由单向型思维向多向型思维、由封闭型思维向开放型思维的发展，让学生不再只用集中思维去观察和思考问题，从而促进他们发散思维的形成与发展，发散思维又会推动学生创造思维的萌芽，这将有力地促进学生创新意识的形成。

　　这里需要特别指出的是，具体的数学思维活动往往需要多种思维方式的有机配合才能完成学习任务。因此，小学数学学习转变学生的思维方式并非使学生彻底摒弃以往已养成的思维方式，而是综合运用多向的、公开的、发散的思维方式，分析和解决问题。从这个层面来说，转变学生的思维方式有着确切的含义，具体来讲就是小学数学学习能够在一定程度上丰富学生的思维方式，引导学生形成多样化的思维，并将此思维应用于分析问题和解决问题的过程中。

　　3. 提高学生的思维品质

　　小学数学学习还发挥着促使学生养成和培养良好思维品质的重要作用，小学数学学习能够提升学生的思维，使之更灵活、更敏捷、更深刻，同时也能使其思维具有一定的批判性和独创性。这种素养在小学数学学习中源于两方面内容。一是源于数学知识这一数学思维对象所具有的本质和特征，因为数学思维"是以数和形为思维对象，以数学的语言和符号为思维的载体，并以认识和发现数学规律为目的的一种思维"[①]。通过分析数学思维的内涵，可以发现在数学学习中，学生思维始终是作为数学知识的客体与载体而运转的，而且数学知识是对数量关系、空间形式等方面的高度总结，具有较强的抽象性和逻辑性。另外，数学学习能够影响学生的思维品质，这是由数学学科的本质特点所决定的。在进行数学思维活动时，学生的思维会得到一定程度的提升，会变得更加敏捷、更加灵活，同时其他素质也会随之提升。二是思维的特点决定着小学数学学习思维活动对于学生思维品质培养的作用。在心理学中有这样的观点：思维是概括的、间接的，具有一定的逻辑性和目的性，这些属性构成了思维品质得以发展的根基。学生开始主动地进行数学学

---

① 郑君文、张恩华. 数学学习论［M］. 南宁：广西教育出版社，1996.

习的思维活动过程，同时也是突出自己思维特性的一个过程，这一过程必然会深刻影响学生思维品质。

从上面的讨论中，我们不难发现：小学数学学习对学生思维品质的影响同样具有客观性，只要有小学数学学习发生，学生就不可避免地要进行思维活动，长期的数学思维训练又必然会影响学生思维品质的变化。如在小学数学学习中学生从不同角度观察和思考问题，用不同的思路去分析问题和解决问题，其结果必然会引起学生思维灵活性和敏捷性的提高。又如，在经历把生活中的实际问题抽象成数学问题的过程中，在从大量感性材料抽象出数学概念本质属性的活动中，在概括数学公式、法则、定理的活动中，学生思维的抽象性和深刻性都将会得到发展，这种发展表明了学生思维品质的提高。

（三）发展学生的能力

数学教育的核心价值就是发展学生的能力，小学数学课程内容对学生多方面能力的形成和发展有着极大的潜在促进作用。研究并引导小学生开展数学学习的一项特别重要的任务就是培养学生的数学素养，促进学生能力的最佳发展。那么，小学数学学习究竟可以促进学生哪些能力的发展呢？这是一个很难做出准确回答的问题。在这里，暂时将小学数学学习促进学生能力发展的育人价值概括为以下三个方面。

1. 促进学生数学意识的形成与发展

数学意识既是数学素养的基本成分，也是数学能力赖以发展的基础。近几年来笔者一直在思考一个问题：小学数学教学要强调学生数学能力的培养，那么小学生数学能力培养的立足点应该放在哪里？经过长时间的思考与探索，答案似乎开始明朗，那就是小学数学教育要关注学生数学意识的培养，要通过强烈的数学意识促进学生数学能力的形成与发展。小学数学学习对学生数学意识的发展具有其他学科不可代替的作用。首先，小学数学学习内容为学生数学意识的形成与发展提供了必要的素材，数与代数、图形与几何、统计与概率的课程内容分别为学生的数感、符号意识、空间意识和数据分析观念提供了赖以形成与发展的知识基础；其次，小学数学学习过程为学生建立了数学意识赖以形成的机制，学生感知、理解、应用数学知识的过程实际上也是一个形成和发展数学意识的过程。从我国义务教育数学课程目标出发，结合小学生年龄特征，在数学学习中培养学生的数学意识，其职责有以下两个方面。

一是让学生通过数学学习活动学习并尝试用数学的眼光看待身边的事物，分析现实生活中的一些现象。一方面，能帮助学生形成数量化的意识，让学生用量化的方法刻画事物的变化过程及其规律，学会用数学思维方法去思考问题、解决问题；另一方面，学生在数学学习中可以切实体验生活中的数学，感受到我们的身边处处充满数学，明确数学与生活密不可分的联系。

二是通过数学学习活动发展学生的数学应用意识。小学数学学习过程，特别是其中运用所学数学知识解决实际问题的过程，为学生发展数学应用意识既提供了必要条件，又提供了充分条件。学生在运用数学知识的活动中可以充分感受数学的应用价值，亲身体验数学在现实生活中的巨大作用，并主动尝试运用数学知识去解决问题。特别是义务教育数学课程改革以来，教师把学生的生活经验视为重要的课程资源，引导学生联系生活经验学习数学，更是为学生数学应用意识的发展提供了良好的条件和更为有效的途径。

2. 发展学生的数学能力

数学学习是小学生数学能力赖以形成和发展的基本前提，它为学生获得完成数学活动的稳定的个性心理特征提供了最直接也是最有效的活动载体。在小学数学学习中，学生获得数学知识和技能的同时，他们的数学能力也会得到相应的发展。小学数学学习对学生数学能力的影响是全面的，可以这样说，小学生所有数学能力的形成与发展都离不开数学学习活动。第一，数学学习能促进学生良好运算能力的形成。非负数的四则运算贯穿于整个小学数学学习的过程，学生基本的运算能力主要在小学阶段形成，错过这一时期，学生的四则运算能力就难以得到专门的训练，所以发展学生基本的四则运算能力是小学数学学习特有的责任。小学数学学习发展学生的运算能力的任务是全方位的，既包括整数、小数、分数的四则运算，又包括口算、估算、笔算的能力。第二，数学学习能促进学生思维能力的发展。尽管发展学生的思维能力并不是小学数学学习的专利，但它确实比其他学科的学习承担了更多的责任。小学数学学习是数学学科特点所决定的，因为数学本身就是一门关于数量关系和空间形式思维的科学，学生在数学学习中进行数学思维活动的同时，他们的思维水平必然会发生不断变化，这样的变化过程实际上就是一个思维能力形成与发展的过程。第三，发展学生的空间观念也是小学数学学习不可忽视的素养。图形与几何的课程内容，为学生了解我们的生存空间提供了重要的知识基础，学生探索物体与图形的形状、大小、位置关系及变换的过程可以促进他们空间观念的形成。第四，小学数学学习对于促进学生推理能力的形成与发展具有尤其重要的作用。第五，数学学习能发展学生综合运用所学数学知识解决问题的能力。小学数学学习过程既是一个获取数学知识的过程，又是一个应用数学知识的过程，学习中学生要将所掌握的数学知识广泛应用于新的情境，从而解决生活中的具体问题，这本身就是一个培养学生综合运用数学知识解决问题能力的过程。特别是"综合与实践"方面课程内容的学习，更加强化了数学与生活的联系和数学的应用性，进一步体现了数学学习促进学生解决问题能力发展的育人价值。

3. 促进学生创新能力的萌芽

深入分析数学学习内容、学习过程及其本质和小学生在数学学习活动中所采用的学习方式，我们不难发现，小学数学学习还具有激发学生创新意识、促进学生创新能力萌芽的功能，这一方面是数学学习的本质所决定的，另一方面是数学学习内容的挑战性和数学学习活动的探索性决定的。首先，小学数学学习的过程从本质上讲是一个数学知识再发现的过程，在这一过程中学生要对人类社会已有的、学生尚不知晓的数学知识进行探索发现，其间他们必然要采用多种思路和方法进行探索，甚至要用到许多过去不曾运用的新途径、新策略。这样的学习过程对学生来说本身就是一个创新的过程，它能够催生学生创新的冲动，激发他们创新的意识；其次，学生在小学数学学习中经常会遇到一些思考性和挑战性很强的问题，这些问题仅靠常规的手段和方法往往难以解决，在客观上要求学生打破常规，寻找新的策略和方法去解决。

需要特别指出的是，小学数学学习促进学生创新意识形成的核心素养不像它促进学生运算能力和思维能力发展那样客观必然，数学学习能否发挥出这一素养，关键要看学生在数学学习活动中的学习状态，看他们关于学习方式的选用。完全被动地模仿学习和接受学习，是难以实现使学生萌发创新意识和创新能力的学习目标的。

（四）促进学生养成良好的思想品德和个性心理品质

课程目标是课程内容教育价值的反映，课程标准关于情感态度课程目标的规定表明，义务教育阶段的数学学习不仅具有让学生掌握数学知识和技能、发展能力的价值，同时还能促进学生获得良好思想品德和个性心理品质。根据数学学科特点，小学数学学习促进学生养成良好思想品德和个性心理品质主要体现在以下几方面。

一是能激发学生的学习兴趣、好奇心和求知欲。小学数学教科书是一种科学性、思想性和趣味性高度统一的学习材料，其内容一方面充满着思考性和探索性；另一方面又富有儿童情趣，能引起学生的直接兴趣和间接兴趣。如人民教育出版社出版的《义务教育课程标准实验教科书数学》一年级上册中，用"小猪盖房子"的童话故事呈现的"比多少"的学习内容，就是一组充满趣味性的学习内容。这组学习内容对激发学生的学习兴趣、增强他们的好奇心具有重要的价值，它可以让学生感受到学习数学是一种非常有趣的事情，在此基础上还可以引发学生今后进一步学习的强烈愿望。

二是能磨炼学生克服困难的意志，使他们建立自信心。小学数学学习的过程是一个不断克服困难、享受学习成功快乐的过程。当学习遇到困难时，学生需要付出艰辛的努力，用顽强的意志去战胜困难，使问题得到解决。长期进行这样的数学学习活动，可以提高学生战胜困难的勇气，磨炼他们的意志。学习获得成功会给学生带来积极的情感体验，使他们切身感受学习成功的快乐，这将有力地增强学生学好数学的自信心。

三是能促进学生养成良好的学习习惯。在小学数学学习中，学生要学会认真阅读教科书和其他学习材料、集中注意力认真听老师的讲解和同学发表意见、认真做学习笔记、仔细计算和工整书写作业、根据老师的引导和提示展开积极的思维活动、独立思考并主动探究问题，唯有这样学习才能获得成功。这样的数学学习活动既可以让学生获得有效的学习策略和方法，提高学习效率，同时又可以促进学生养成良好的学习习惯。在学习中培养学生良好的学习习惯，既是小学数学学习育人价值的反映，同时也是一项贯穿于整个小学数学学习过程的教育任务。对于小学阶段的学生来说，完成这一任务甚至比让学生掌握数学知识和技能更重要。

四是有助于学生形成实事求是的科学态度。数学是一门特别严谨的科学，其内容表现出概念的准确性、推理过程的严谨性、答案的唯一性等特征。学生在学习中可以切实感受到这些特征，并伴随着这些特征的认识逐步形成实事求是的科学态度。不过，小学数学学习不具有客观必然性，能否让学生形成实事求是的科学态度，关键在于教师对小学数学学习过程的组织和学生对数学特性的理解与感受。

五是有助于学生健全人格的形成。小学数学学习的过程是一个学生与老师、学生与学生多边互动的过程，在学习中建立良好的人际关系，学习才能获得成功。特别是在合作学习广泛应用于小学数学学习的今天，小学数学学习进一步强调师生之间、学生相互之间的合作交流，这更有助于学生形成合作意识、学会与人合作，进而促进学生健全人格的形成。

六是可以让学生获得辩证唯物主义观点的启蒙教育。小学数学学习内容充满着事物是发展变化的、普遍联系的、对立统一等辩证唯物主义的观点和规律，学生学习数学知识的同时会获得辩证唯物主义观点启蒙教育，能感知事物发展变化的普遍性和多样性、事物的量变和质变、对立和统一、原因和结果之间的辩证关系，这对于学生今后养成良好的思想品德、形成正确的世界观，将会产生一定的影响。

第七节　数学知识向初中过渡

小学数学学习向初中数学学习过渡可以从学习内容的衔接、学习要求的衔接、数学认知的衔接、学习方式的衔接四个方面来思考。

一、学习内容的衔接

学习内容的衔接是中小学数学学习衔接研究的主题。根据数学课程标准的安排，学习内容的衔接可以从数与代数、图形与几何、统计与概率、综合与实践四个方面进行研究。

（一）数与代数学习内容的衔接

中小学数学学习内容中的数与代数除了小学的简易方程与中学的代数知识的衔接外，更多的是数概念和运算两个方面的衔接。

数概念从正数的认识到负数的认识，构建成了一个完整的有理数概念体系；负数是有理数的重要组成部分，它表示正数的相反数。因此，负数的学习以正数的学习为基础，它从正数的相反数的角度对数概念进行完善和扩充，并且进一步让学生在实际应用中深刻理解负数存在的合理性和必要性。通过负数的认识，学生可以全面了解有理数的内容。但是，负数的认识比正数抽象，学生理解起来比较困难，因此学生在学习过程中要经历"非负有理数→初步认识负数→有理数"的过程，这个过程是中小学数学学习内容在数概念衔接方面的一条重要线索，根据这一发展线索做好衔接有助于实现数概念学习的平稳过渡。

运算的衔接主要表现在以下两个方面。

（1）从正数运算到有理数运算。这是由数概念的扩充引起的，从正数扩展到有理数自然就要从正数的运算发展到对有理数的运算。有理数的运算是以正数的运算为基础展开的，正数的运算主要解决绝对值加、减、乘、除的问题，而在有理数的运算中，除了要掌握绝对值的计算方法，学生还要研究正、负数符号对运算的影响。如为什么"同号相加，取相同的符号"，而"绝对值不相等的异号两数相加，取绝对值较大的加数的符号，并用较大的绝对值减去较小的绝对值"。为了让学生在数轴上理解这样计算的道理，教材借助几何直观阐明数之间某种关系的编排，渗透了数形结合的思想，开辟了新的数学学习方式，为解析几何的学习奠定了基础。

（2）运算衔接的内容是从数的运算转入到代数式的运算。代数式是用运算符号（加、减、乘、除、乘方、开方）将数或表示数的字母连接而成的式子。由于数的一切运算规律都适用于代数式，数的运算是代数式运算的基础，但代数式的运算是在一个更加广泛的领域内开展的对运算的研究。首先，代数式的运算突破了单纯的数的运算的形式，它是用数和表示数的字母连接而成的式子进行运算的。这种由数的运算转入式的运算的研究，使运算规律在更大范围内得到应用。如分数加减和分式加减的计算方法都是分母不变、分子相加减。只是分式的分子、分母是代数式，要用到代数式的计算方法；同时代数式的运算不再是简单的有理式的运算，有理式、无理式的运算都是代数式的研究范畴，研究范围的扩展使运算的研究更加深入。如学习无理式运算时，同学们必须先理解被开方数含字母的根式叫作无理式，属于代数式范畴，包含无理式的等式叫作根式方程，同学们应熟练掌握根式方程求解方法，清楚无理方程可由分母有理化转化为有理方程去解，亦可用换元法等解之。

解无理方程出现了增根，得到的结果须进行验根，并对适用定义域进行探讨。由此可以看出，由数的运算转入代数式的运算，研究的范围更加广泛，研究的问题更加深入，学习难度增大。

（二）图形与几何学习内容的衔接

在图形与几何中，中小学数学学习内容的衔接主要是以下三个方面。

1. 从小学直观地认识几何图形转向初中比较系统地学习几何图形的性质及相关证明

这两部分知识的衔接点是以小学直观地认识几何图形为认知基础的，但是初中阶段的数学不再是停留在对图形的直观表象和对图形特征的研究上，而要转入对其性质的研究。直观表象和图形特征都是对图形外表的认识和感知，而图形的性质是对图形本质属性更深入的研究。如果说小学研究的是图形的"表"的话，那么中学主要是研究图形的"里"，这种由表及里的研究是符合学生的认知规律的。要注意的是，对图形性质的研究比建立图形直观表象和对图形特征的研究要难得多，要在直观表象和图形特征的基础上进行抽象概括和推理，这不但需要逻辑思维能力的支持，还要学生掌握抽象概括和推理的方法。并且，中学数学还要求进行数学证明，这对从来没有进行过数学证明的学生来说，掌握从论据推出结论的方法，来表明论据与结论之间必然的逻辑联系是有一定难度的。

2. 从小学对图形变化的初步认识转向初中对图形变化的数学应用

如小学阶段只要求学生初步了解图形的放大与缩小，了解图形的放大与缩小时大小变化而形状不变的现象；初中数学则要以小学的这些关于图形变化的粗浅认识为认知基础，把图形的放大与缩小应用到相似形的研究上，让学生进一步理解图形的相似就是图形放大与缩小的数学应用，可以用图形的放大或缩小来解释图形相似的基本原理。在学生掌握相似形的基础上，学生还要掌握图形相似的性质，如三角形相似的性质定理，还要用这样的性质定理来判断两个三角形是否相似。从中可以看出，初中的图形变化以小学的图形变化为基础，转入对图形变化的深层次研究，即从表面的变化现象转向变化性质特点的研究，从而实现进一步应用性质定理来研究几何图形的目标。由此表明，作为中学和小学数学学习内容的图形与几何之间存在着广泛的联系，两者在学习的衔接上有诸多问题需要认真研究。

3. 从小学的图形与位置的简单知识转向对直角坐标系的研究

小学数学讨论了用数对确定位置的基本方法，中学数学以这些基本知识为基础，引导学生建立直角坐标系，为解析几何的学习奠定了基础。初中学生在建立直角坐标系的过程中要应用小学数学的一些基础知识，但直角坐标系的建立还需要一些新概念的建立，如象限、坐标、原点、X 轴和 Y 轴等。直角坐标系的建立在代数和几何之间架起了桥梁，但如何应用小学数学的基础知识帮助学生更好地建立直角坐标系，是中小学数学学习衔接要重点思考的一个问题。

（三）统计与概率学习内容的衔接

小学在统计与概率方面只是要求学生结合生活实际对相关知识作一个初步的了解，并没有做出过高的要求。特别是在概率方面，连"概率""随机现象"这些概念都没有出现，只是用"确定""不确定""可能性"这些词语来描述在生活中直观感知到的一些随机现象。所以，从严格意义上来说，小学统计与概率的学习只是为初中的学习做一些基础性的准备，初中才是统计与概率的正式学习。但小学的基础准备还是对初中的数学学习有帮助的，如在小学理解了平均数是表示一组数据集中趋势的量数，中位数与众数也是表示一组数据集中趋势的量数。也就是说，学生可以借助掌握的知识来学习新的知识。但是，中学讨论的内容比小学要深入得多，如在什么条件下使用平均数这个统计量，什么条件下用众数或中位数，不只是一个简单地掌握统计量概念的问题，还要灵活地应用这些统计量进行统计。因此，怎样有效地利用小学数学在统计与概率方面的基础知识来深入学习统计与概率的相关知识，也是在中小学数学学习衔接研究中要认真思考并妥善解决的一个问题。

（四）综合与实践学习内容的衔接

在中小学数学学习中，综合与实践活动内容的学习也存在着衔接问题。

1. 从解决简单的问题向解决复杂的问题过渡

小学数学安排的综合与实践的解决问题都是比较简单的，如设计花边比赛、家庭用电调查等；而中学的综合与实践就要复杂得多，如制作火车车厢的模型、制作测角仪测量树的高度等。但是再复杂的问题也是以简单的问题为基础发展的，因此它需要老师指导学生把解决简单问题的方法用到解决复杂问题的过程中去。

2. 从全班统一的活动形式向小组或个体的活动形式过渡

小学的综合实践活动大多数都采取集体活动的形式，这是因为学生年龄小，集体活动有利于老师的指导和帮助。到了中学，小组和个体的活动形式逐步增多，这样的活动有利于突出学生的个性，也有利于组织丰富多彩的综合实践活动。中小学活动形式的差异性促使我们在小学后期要重视活动形式的转化，并逐步向中学数学的综合实践活动形式过渡。

3. 从共同的活动内容向个性化的活动内容过渡

小学数学中的综合实践活动内容多是共同的，都围绕某个问题展开的；而中学在一个综合与实践中就设计了多个活动供学生选择，很多活动都采用了课题学习的方式。怎样使进入初中的学生适应这种个性化的活动方式，也是中小学数学学习衔接研究要思考的一个问题。

二、学习要求的衔接

小学和初中数学学习要求的衔接，也是中小学数学学习衔接研究的重要内容。中小学数学学习要求的衔接主要反映为以下四个方面。

（一）知识技能掌握要求的衔接

1. 数与代数学习要求的衔接

（1）从结合具体情境理解数的意义和运算的意义提高到抽象理解数的意义和运算的意义。小学数学对数概念和计算的学习要求，非常强调结合具体情境理解意义。这是因为学生年龄小，具体情境能帮助学生更好地理解和掌握数概念，理解运算的意义。进入初中以后，学生的分析能力和推理能力有很大的发展，因此不需要借助具体的情境，而是要求学生直接利用已有知识学习新知识。但学生由于对具体情境仍然存在着较大的依赖性，需要一个从依赖具体情境来理解意义到不用具体情境就可以抽象地理解意义的过渡。因此，怎样帮助学生适应初中数学学习的这一要求，是需要认真研究和解决的问题。

（2）从探索运算律到推导乘法公式，在要求上有了大幅度的提高。小学数学中探索运算律，是在大量运算的基础上，总结归纳出加法和乘法运算律的。而初中数学则更多地要求学生根据已知的公理、定义、定理、定律等旧知识经过演算和逻辑推理而得出新的结论。从感性材料中进行归纳提炼到直接进行逻辑推理，学生通常一时难以适应学习要求的这一巨大变化，因此如何让学生适应从感性经验提炼到直接进行逻辑推理的学习要求，也是中小学数学学习衔接研究面临的一大问题。

（3）从解决简单的实际问题发展到较为复杂的数学应用。这里的"复杂"一方面是指问题变得更难了，学生分析起来有一定的难度；另一方面是指提高了要求，并且解决问题的步骤增多了。小学要求问题步骤一般控制在三步以内，而中学数学所要解决的问题很多都是一些多步骤的复杂问题。怎样帮助学生适应中学数学解决问题的难度和学习要求，也是中小学数学学习衔接研究不能回避的一个问题。

2. 图形与几何学习要求的衔接

小学需要认识某些几何体以及平面图形的基本性质，但初中数学需要学生对相交线、平行线、三角形等进行探究和掌握，对四边形、圆的一些基本性质进行判断，掌握基本证明方法，具备基本作图技能。这就要求学生用小学掌握的图形的基本特征去进一步学习平面图形的判定和证明。当然，判定和证明不只是应用图形的基本特征，还要用到图形的其他知识以及证明方法。但是图形的基本特征应该是中小学图形与几何学习衔接的重要内容，因为只有通过这种衔接才能实现从"了解特征"向"判定证明"的顺利过渡。

3. 统计和概率学习要求的衔接

初中数学学习将第二学段"经历数据收集、整理和分析的过程"提高为"体验数据收集、处理、分析和推断过程"，添加了处理和推断的需求；同时还要求学生"理解抽样方法，体验用样本估计总体的过程，能计算一些简单事件的概率"。很明显，在统计与概率方面，中学的学习要求比小学高得多。但是小学和中学都要求学生进行"数据收集、整理和分析"及"认识随机现象"，这就是统计与概率学习衔接的基础，抓住了这些学习要求的变化，也就抓住了概率与统计学习要求的衔接点。这些衔接有助于学生顺利实现由小学统计与概率的学习向初中统计与概率学习的过渡。

（二）数学思考要求的衔接

对比分析数学课程标准中第一、二学段与第三学段有关数学思考的课程目标，我们不难发现，中学和小学在数学思考方面的学习要求发生了较大的变化，需要衔接的内容可以概括为以下四个方面。

（1）在符号意识和几何直观方面，把小学"感受符号作用"提高为"体会模型的思想，建立符号意识"，把"初步形成空间观念，感受几何直观"提高为"进一步发展空间观念，初步建立几何直观"。尽管要求有所提高，但是很多要求都是中小学共有的，只是要求的程度不同。所以在中小学数学学习的衔接中，要以这些共同的要求为基础，在过渡中逐步提高这些要求，最终达到初中数学学习的要求。

（2）在数据分析和感受随机现象方面，中小学在数学思考中都要求"发展数据分析观念"，但中学数学把"感受随机现象"的要求提高为"感受随机现象的特点"。很明显，从随机现象的直观感受到其特点的感受，也是中小学数学学习衔接研究需要关注的内容。

（3）在推理能力方面，中小学数学学习的要求差异较大。小学阶段对于推理能力要求较低，只需要学生能够在观察、实验、猜测和验证中有条理地思考，能够较为清晰地表达出自己的思考过程和结果，并以此"培养合情推理能力"；中学阶段要求提高，要求学生从各种数学活动形式中培养合情推理和演绎推理的思维。由此可以看出，合情推理是中小学数学学习在推理要求方面需要认真研究的衔接问题。在小学阶段，要关注学生有条理的思考，为合情推理能力的培养奠定基础；而中学数学学习中的推理，则要更多地关注学生合情推理能力的发展，进一步发展学生的推理能力。

（4）在体会数学思想方面，中小学都强调"会独立思考，体会一些数学的基本思想"。尽管这些学习要求在文字上看差别不大，但实际上有很大的差异。在独立思考方面，中小学数学学习的要求是不一样的，小学只要求独立思考一些简单的、单一的数学问题，而中学思考的问题则要复杂得多；体会的数学思想也不完全一样，中学要求体会模型思想、数形结合的思想，这些数学思想在小学阶段的要求都比较低。很明显，中学体会数学思想的学习要求比小学高，正是这两者的差异容易让我们从"独立思考""体会数学的基本思想"方面找到一些衔接点。在教学中，可以根据这些衔接点强调小学方面的准备和中学数学思想方面的衔接基础，从而顺利实现数学思想学习的中小学衔接。

（三）数学问题解决要求的衔接

对比数学课程标准中小学和初中有关问题解决的课程内容和课程目标，

不难发现中学数学学习与小学数学学习在问题解决要求的差异和衔接。

（1）中学和小学都要求学生发现、提出、分析并解决数学问题，但是小学是在"日常生活"中发现，而中学则要求"在特定情景下，以数学为视角"中去发现、提出数学问题，并能对数学问题进行分析和求解，还要求"综合运用数学知识和方法解决简单的实际问题"，并就应用意识、实践能力等方面提出具体要求。由此可知，中学数学中对问题解决的学习需求远远大于小学阶段。所以，在中小学数学问题解决的学习中，学生要从小学在现实生活中发现简单的问题为基础逐步过渡到从具体的情境中，从数学的角度来发现问题，从小学解决简单问题过渡到中学综合运用数学知识和方法等解决较复杂的问题。

（2）在分析和解决问题的方法方面，小学数学仅要求"能探索分析和解决简单问题的有效方法"，而中学数学则要求"经历从不同角度寻求分析问题和解决问题的方法的过程，体验解决问题方法的多样性，掌握分析问题和解决问题的一些基本方法"。从这个角度可以发现，小学与初中数学学习中关于分析问题与解决问题方法的联系，具体来讲就是要以掌握简单问题的有效分析方法为前提，逐渐掌握多样化的解题方法。由此看来，掌握分析问题、解决问题的几种基本方法对于学生来说是非常有必要的，它能帮助学生在中学数学中逐渐适应分析问题和解决问题的强度，并且利用这些方法，有效解决简单而又现实的问题。

（3）在经历与他人合作解决问题的过程方面，小学数学仅要求"经历与他人合作解决问题的过程，尝试解释自己的思考过程"，而中学数学则要求"在与他人合作和交流过程中，能较好地理解他人的思考方法和结论"。很明显，中学数学与小学数学在这方面的衔接，以小学尝试解释自己的思考过程为基础，逐步理解他人的思考方法和结论，以适应中学数学在合作解决问题方面的要求。

（4）在学习反思方面，小学数学只要求"回顾解决问题的过程，初步判断结果的合理性"。这里的"回顾"虽然有反思的要求，但这种要求是比较低的，因为反思不只是简单的回顾，而是要用审视的眼光和从批判的角度去回顾自己解决问题的过程和结果。中学数学则要求"能针对他人所提的问题进行反思，初步形成评价与反思的意识"，这个要求比小学高得多。由此不难发现，在反思方面应从简单回顾学习过程向用审视的眼光和从批判的角度去回顾自己解决问题的过程过渡，帮助学生逐步形成反思的意识，以逐步适应中学数学学习的要求。

（四）情感态度要求的衔接

对比小学数学学习和初中数学学习在情感与态度方面的课程目标，不难发现其包含诸多需要衔接的内容。

（1）中学和小学都要求学生积极参与数学活动，但是小学阶段要求相对较少，只要求"愿意了解社会生活中与数学相关的信息，主动参与数学学习活动"；中学阶段要求学生"积极参加数学活动，表现出对数学的好奇与求知"。很明显，中学数学对学生参加数学活动的要求比小学高得多，这方面衔接可以从愿意参与和主动参与入手，向着力培养学生的好奇心和求知欲的要求上过渡，以满足学生对日益复杂的中学数学学习的动力需要。

（2）中小学数学学习都要求学生能克服困难，建立学好数学的自信心。但小学是要求通过他人的帮助和指导，能够分析和解决问题，树立学好数学的信心；中学阶段则要求学生能够获取成功的体验，能够独立迎接挑战，进而解决数学问题，要不怕困难，坚信自己能够学好数学。由此可以看出，中小学数学学习在克服困难要求方面衔接的重点是，引导学生从在他人的鼓励和引导下克服困难逐步向独自克服困难过渡，帮助学生逐步树立学好数学的自信心。

（3）小学阶段和中学阶段在数学价值感受上也存在着差异。小学数学的要求是掌握数学知识，学会数学解决问题的方法，了解数学的价值；而中学数学则要求学生能够进行数学表达，运用数学抽象思维解决问题，深入感受数学的价值。从中可以看出，中小学这方面的衔接可从在活动中感知数学价值逐步向认识数学特点、体会数学价值过渡，深化学生对数学价值的认识，使学生更加热爱数学学习，并增强学生学习数学的动力。

（4）在心理品质发展方面，小学数学要求学生"初步养成乐于思考、勇于质疑、实事求是等良好品质"，而中学数学则要求"敢于发表自己的想法、勇于质疑，养成认真勤奋、独立思考、合作交流等学习习惯，形成实事求是的科学态度"。通过比较可以看出，中小学在学生心理品质发展要求方面的衔接是在小学养成一些良好品质的基础上，逐步向培养学生独立思考、勤奋学习的学习习惯以及形成实事求是的科学态度的要求过渡，使学生形成良好的思想品质和个性心理品质。

三、数学认知的衔接

数学学习的过程实际上是一个数学认知的过程。研究中小学数学认知的衔接，对于搞好中小学数学学习的衔接、促进小学数学学习向中学数学学习的顺利过渡有着十分重要的意义。

（一）认知方式的衔接

所谓的认知方式可以被理解为人们习惯性的信息加工方式。认知方式又叫作认知风格。这里的加工信息主要指知觉、记忆和思维等一系列的认知活动，习惯性可以被理解为人们没有注意到的偏爱或经常性的偏爱。对于学生来说，认知方式对其有着深刻的影响，关系着学生选择哪种认知通道，关系着学生的学习水平，所以在中小学数学学习衔接中要加以认真的研究。认知方式的差异主要表现为场独立型与场依存型、冲动型和沉思型、辐合型和发散型的差异。小学生的认知方式主要表现为场依存型、冲动型、辐合型；而中学数学学习需要独立型、沉思型、发散型的认知方式。

场依存型主体感知对象往往以外部参照为信息加工基础，很难从环境因素中解脱出来，其身边人极其容易影响他们的态度及自我知觉，尤其容易受权威（老师）的影响和干扰。学生形成这样的认知方式一是由于年龄小，很大程度上摆脱不了对环境和老师的依赖；二是小学老师对学生的无比关照，也造成了学生对老师的依赖。

但是在中学学习中，老师对学生个体关照相对减少，在学习过程中很大程度上需要学生独立作出判断，这种在认知方面需要独立于周围背景的认知方式是中学数学学习的主要认知方式。因此，在中小学数学学习衔接研究中，要重视小学的场依存型向中学的独立型的转化，要促进学生的独立思考、发展学生的独立意识，使他们逐步适应中学数学的学习。

冲动型学生在执行认知任务过程中，老是急着要给这个问题一个答复，他们并不习惯于综合考虑解决问题的多种可能性。有的时候题目没有弄清楚，他们便着手回答。在小学数学学习中，很多学生都采用这样的认知方式，但这种认知方式不能很好地适应中学数学学习。为了搞好中小学数学学习的衔接，在小学数学学习过程中，要积极引导学生谨慎、全面地提出各种假设，注意求证，认真核对，当证实无疑问时，再做出回答，以实现学生从冲动型的认知方式向沉思型的认知方式的转变。

所谓的辐合型认知方式，是指个体解决问题时往往呈现出辐合思维，具体表现在收集或综合有关信息和知识应用的逻辑规律方面，将解答范围进一步缩小，最终找出最合适的正确答案。小学数学问题大多数情况下都只有一个答案，这样的学习环境就为辐合思维的发展提供了条件。加之学生年龄小，习惯用老师教授的方法，也是自己比较熟悉的方式来解答问题。利用已有的知识经验或传统的方法，按照一定的方向（也就是要解答的问题）有范围、有条理、有步骤地去分析解答，逐渐形成认知模式就是辐合型认知模式。所谓的发散型认知方式，则是指一个人在解题过程中往往会出现发散思维。具体表现为个体的思想沿多种不同方向延伸，让概念向各个方面发散，最后得出多个可能答案，并非唯一正确答案，从而有助于产生创见新颖的思想。很显然这种认知方式层次要高得多，是培养学生创新意识需要的一种认知方式。所以在中学数学学习中，随着一题多解的内容逐步增多，对发散思维的要求越来越高，这就要求学生要从辐合型认知方式向发散型认知方式转化，以适应数学学习的需要。为了适应初中数学学习，在小学高年级的数学教学中，教师可以增加一些一题多解的内容，鼓励学生一题多解，并用这样的方式促进学生逐步实现从辐合型认知方式向发散型认知方式的转化。

（二）认知过程的衔接

所谓认知过程，是指人们对客观事物所进行的认知活动，也就是信息加工处理流程，就是人从外到内、从现象走向本质，体现客观事物特点和内在联系的心理活动的过程。在中学和小学数学学习都涉及了由表及里、由现象到本质的认知过程。因此，从本质上来讲中小学数学认知的过程大体是相同的。然而因为中学生和小学生在感觉、知觉、记忆、思维和想象等方面存在着比较大的发展差异，其所以在认知过程上也是有一些不同。

（1）在认知过程的感觉和知觉方面，虽然中小学生的感觉和知觉都比较灵敏，但小学生偏向于对实物或具体材料的感知，中学生则重视对学习材料的感知，特别是对数学符号和图形的感知水平有了较大的发展。由于不同的感知对象决定了对学生的不同感知要求，在中小学数学教学中，一方面小学高年级的数学学习要逐步减少对实物或具体材料的依赖，适当增加一些数学符号和图形；另一方面，中学数学学习也要注意采用适量的实物或具体材料，帮助学生由具体材料的感知过渡到数学符号和图形的感知，以顺利地完成对信息的接受和理解，使他们适应中学数学学习。

（2）在认知过程中输入信息的编码、贮存和提取活动方面，小学生偏向于短暂的短时记忆，而中学数学学习需要学生理解记忆，即对记忆中编码、贮存方式的要求提高了。在中小学数学学习的衔接中，教师要关注学生的记忆特点，以小学生的短时记忆为基础，逐步提高对学生理解记忆的要求，不断增强小学生的记忆效果，以适应中学的数学学习。

（3）在思维和想象方面，小学生和中学生的差异比较大，其信息的加工、输出和反馈能力发展也存在着较大的差异。很多小学生到中学后不适应数学学习，其实质就是不适应这样的思维方式。为了中小学数学学习的衔接，在小学阶段要重视学生抽象逻辑思维的培养，至少让他们具备初步的逻辑思维能力，以适应中学的数学学习。另外，中学数学学习对学生的想象力要求也比较高，因此，在中小学数学学习的衔接中，要关注小学生想象能力的培养，不仅要重视学生的再造想象，同时也要鼓励学生创造想象，尽可能地发展学生的想象能力，以适应中学数学学习的需要。

（三）认知策略的衔接

认知策略是学习者加工信息的一些方法和技术，其基本功能有两个方面：一是对信息进行有效的加工与整理；二是对信息进行分门别类的系统储存。中小学生掌握的信息加工方法和技术有较大的差异，一般来说，小学生能掌握一些比较简单的认知策略，如简单的精加工策略。精加工策略包括的内容比较广泛，如小学生在数学学习中经常采用的勾画圈点、摘录提要、笔记概述都属于精加工策略。这些认知策略对于一些简单知识的认知是有效的，但是随着知识难度的不断加大，对认知策略的要求也越来越高，学生需要掌握一些新的认知策略。如在中学数学学习中，就要应用一些组织策略。组织策略是以梳理已学新信息、构建内在关联、提高记忆效果等为主的认知策略。组织策略内容丰富多样，主要包括归类整理、提纲挈领、作图示意、利用理论模型等方法与技巧。显然，中学数学所学知识的深化客观地加强了人们对认知策略的需要，为了更好地实现中小学数学学习的转变，在小学高年级应让学生适当了解一些中学数学学习需要的认知策略，如在小学高年级逐步要求学生自己对知识进行归类整理、提纲挈领地描述学习内容、加强用图示法解题等，从中渗透在中学数学学习中要应用到的一些认知策略，用提前学习的方式为中小学数学认知策略的衔接做好铺垫。

四、学习方式的衔接

（一）中小学数学学习方式的差异

学习方式可以被理解为学生在学习过程中所表现出来的自主性、探究性、合作性等主要特点，小学与初中数学学习方式也存在着一些不同。

（1）在自主性方面，小学数学学习的自主性虽然也体现在学生主动经历学习过程、自主建构知识和学习的个性化等方面，但他们的学习活动离不开老师的引导；而中学数学的自主学习则更多地体现为学生的个体学习和独立思考，如课前预习、对老师典型讲解举一反三的思考等方面。中学数学学习的自主性更多地体现为学生的独立学习，因此需要老师讲解时学生要"认真听讲、积极思考"。数学课程标准把"认真听讲、积极思考"作为"学习数学的重要方式"写入课程基本理念，就是强调独立性在数学学习中的重要作用。初中阶段虽然老师的引导对学生的学习仍然具有十分重要的影响，但中学生显然不像小学生学习那样依赖老师。因为中学数学的学习方式开始从自主性向独立性发展，这比小学数学自主学习的要求有了较大的提高。

（2）在探究性方面，小学数学的探究学习主要体现为对老师设定的问题进行分析研讨，最后解决问题。在中学数学的学习过程中，同学们应该深入讨论某一个数学问题，利用质疑的方式找出问题所在；接着进行分析研讨，将发现的问题解决；最后，是表达和沟通。很显然，中学数学学习需要学生经历一个完整的探究过程，尽管都是探究式的学习方式，从要求上看中学数学学习的要求要高得多。

（3）在合作性方面，小学数学教学往往是在学习过程中的某个环节要用到合作学习，并且这种合作一般是有老师组织和引导的；而中学数学的合作学习较多的是在学生个体思维遇到问题以后，需要同伴帮助，才引发与他人的合作研讨。问题是引发合作的原因，合作是解决问题的一种学习方式。所以对合作学习的应用，小学数学和中学数学也存在较大的差异，这种差异也是中小学数学学习衔接需要认真研究的问题。

（二）中小学数学学习的共用方式

中小学生在数学学习方式的选用上有许多共同之处。

首先，中小学数学学习都强调学生的自主学习。这种学习方式是由数学学习自身的特点所决定的。数学学习需要学习者通过自己的努力去理解和掌握数学知识，因此学生自身的努力在小学数学学习和中学数学学习中都非常重要。在具体的学习活动中，尽管每个人的学习方法不一样，初中和小学自主学习的具体方法也不相同，但自主学习却是中小学数学学习共同倡导的，因此自主学习方式在中小学数学学习中都有着广泛的应用。

其次，中小数学学习都要用到探究学习和合作学习，这些学习方式是新课程倡导的重要学习方式。课程标准要求数学学习既要重视学习结果，又要重视学习过程，探究学习和合作学习都有利于学生经历学习过程。很明显，自主探究、合作交流的学习方式，可以改变以老师为中心、课堂为中心和书本为中心的传统学习模式，让学生的数学学习变得更加积极主动。在新课程理念的指导下，探究学习和合作学习的学习方式在中小学数学学习中得到了广泛的应用，已经成为中小学数学共同采用的学习方式。

最后，中小学数学学习都离不开接受学习，都需要老师的讲授。这是因为中小学数学知识都是人类已有的知识经验的总结和提炼，都把前人发现的知识转化成学生个体的知识，是一种经济、有效的学习手段。另外，有意义地接受学习对学生提出了更高的要求，要求学生通过定论的方式将自己的学习成果与他们已经建立的认知结构相联系，从而达到对知识的认识与把握。换言之，有意义地接受学习要满足两方面的条件：一方面，学生要具备意义学习的心向，通俗来讲就是将新知识和认知结构中原本存在的恰当观念联系在一起的意图；另一方面，学习材料对于学生来说是潜在的，具体来讲就是学习材料具有一定的逻辑意义，它能与学生认知结构的相关概念发生关联。换句话说，有意接受学习可以使具有潜在意义的学习材料与学生原有认知结构相联系。学生带着一种意义学习心理往下走，在这种情况下所进行的研究，同样具有实际意义。因此，数学学习采取接受学习，也就成了小学和初中数学学习中共同学习之处。

（三）探索中小学数学学习方式的最佳结合点

从上面的分析不难看出，中小学数学学习方式的最佳结合点可概括为以下四个方面。

（1）自主学习方式的衔接。一方面，在小学数学学习中要关注学生的自主学习和独立思考，多给学生提供自主学习和独立思考的机会，让学生逐步掌握自主学习和独立思考的方法，逐步养成独立思考的习惯，从而适应中学数学学习的需要；另一方面，学生进入初中后，老师要给学生适当的引导，让他们在老师的引导下逐步适应中学数学的自主学习。

（2）探究学习方式的衔接。在小学数学教学中，要逐步从老师设定的问题探究转向学生自己选取某个数学问题进行探究，让学生自主选择探究问题，培养学生发现问题和提出问题的能力。在学生探究问题的基础上，要逐步要求学生对探究的过程和结果进行表达与交流，这样能够逐步提高学生的探究水平，让他们逐步适应中学数学的探究式学习。

（3）合作学习方式的衔接。在小学数学学习过程中，要逐步减少全班统一合作的学习要求，鼓励学生在遇到困难时，选择合作伙伴来合作解决问题。一方面让学生感受合作学习的需要，培养学生的合作意识；另一方面，让合作学习摆脱形式上的合作，以切实解决数学问题，让合作学习成为数学学习的一种有效的学习方式。这样从任务式的合作到因学习需要而合作，从统一的合作到有选择性的合作，能让学生逐步适应中学数学的合作学习，实现中小学数学学习方式的有机衔接。

（4）接受式学习方式的衔接。在小学数学学习中，一是要高水平地应用接受式学习方式，让学生富有成效地接受新的数学知识。二是要改进老师的讲授，把老师讲解的内容同学生已有的知识经验联系起来，同时，老师的讲解要给学生的自主理解留下空间，让学生切实经历自主理解内化数学知识的过程。三是帮助学生逐步掌握有效的学习方法，在听老师讲解的同时积极地把老师讲解的知识与自己认知结构中的有关知识联系起来，以此促进新知识的切实理解。这样能够有效地促进接受学习方式的衔接，使学生逐步适应初中的数学学习。

第五章　小学数学教学设计与实施

本章主要论述小学数学教学设计与实施，分别介绍了小学数学教学设计的基本情况、数与代数领域的教学设计与实施、图形与几何领域的教学设计与实施、统计与概率领域的教学设计与实施、综合与实践领域的教学设计与实施、课堂练习多样化设计以及适合小学生的课堂游戏。

第一节　小学数学教学设计的基本情况

一、教学设计的基本要素

小学数学教学设计这项工程具有一定的复杂性和系统性，此项工程需要兼顾多方面的要素，比如教师、学生、对象、课程和方法等，除此之外，设计者对教学、知识和学生的看法对该项目也有影响。若以"教"为本，教学设计就应该主要解决"教什么""怎么教""教得如何"等问题，重视教师"教"的行为设计；而如果把"学"的放在第一位，坚持"为学习设计教学"，则主要是为了解决"学什么""怎么学""学得如何"等问题，注重学生"学"的活动设计。我国义务教育数学课程改革在当前阶段紧跟时代的步伐，主张以学生发展为本，着重突出学生学习数学的主体作用，其根本目标是要有效地提高学生的学习质量。因此，需要从"学什么""怎么学""学得如何"三个维度来分析教学设计的基本要素。

（一）学什么

"学什么"指向数学学习的内容，学习内容"是学生认识和掌握的主要对象，表现为各门学科的事实、观点、概念、原理和问题"①。通常情况下，大家对于"学什么"习惯从字面上来理解，将学习视为一种过程，或者一种手段，而视"什么"（知识）为学习目的。这种认识，就是将"学什么"的立足点定位于知识。联合国教科文组织在 1972 年编著了《学会生存》，这本著作提出了这样的观点：教育应该较少地致力于传递和存储知识，而应该更努力地寻求获得知识的方法（学会如何学习）。从那时起，"学会学习"成为一种全新的学习理念，它使学习的立足点发生了一定的改变，由知识转移到学习自身，也就是由"学会"到"会学"的转变。"会学"，就是要学会学习，而认识仅仅是手段，就是给学生进行学习活动提供材料和手段。所以可以用"用什么学习"取代"学什么"，因为前者能较好地表达"学会学习"之意。

从"用什么学习"这一认识出发可得出结论：就小学数学教学而言，所学知识根据小学数学课程基本内容与要求，有目的地选择直接经验和间接经验，按照某种逻辑序列进行，在对小学生认知顺序进行全面分析的基础上排列组合，构成知识性框架。这个框架由"学习性知识"与"学习性问题"组成，其中，学习性知识是指学生在学习过程中学会的知识、积极挖掘的有效材料，学习性知识有其特定的性质和表现；学习性问题是学生对数学的理解和思考以及进行数学创新的有效手段。

1. 学习性知识

学习性知识主要是针对知识的表征形态而言的，同一种数学知识可有多种表征形态，有些形态有利于学生的学习，而有些则不利于学生的学习。根据知识所具有的学习发展价值，可将知识的表征分为以下三种形态。

第一，学术形态，这种形态主要指的是数学家发表文章时所采取的一种形态，具有非常鲜明的特点：具有严谨的逻辑，形式化特征明显，表现出一种简明、冷峻的形式化美，在形式化中还蕴涵着原始的、炽热的观念。学术形态的数学知识是以学术研究为对象的，旨在进行学术交流和文化延续，确

---

① 裴娣娜. 教学论［M］. 北京：教育科学出版社，2007.

定性、系统性和逻辑性特征比较显著。立足于数学教育来分析，学术形态的数学知识不仅切断了它和人们生活世界之间丰富、复杂的关系，还切断了它和人一起去发现和解决问题的渠道，切断了知识形成的过程，掩盖了丰富多彩、错综复杂的联系以及真正能引发数学思想和情感的元素。从这个层面来讲，学术形态所能反映出的发展价值也极为有限。对于学生学习发展来说，数学知识的学术形态的效率是非常低的。

第二，教育形态。这种形态主要指的是在老师们的辛勤劳动下，同学们的思维被高水平地激发，带动了学生的积极思考，有助于学生学习人类几千年来所构建起来的数学知识体系。"教育形态"的视角是"教"，立足于这个视角而呈现出知识。"教育形态"具有自身的宗旨，致力于为同学们接受知识提供便利。在教学实践中，为知识设置的教育所体现出来的价值具有一定的功利性，向学生展现的数学知识单调、封闭，与学生的现实生活相脱节，技术化特征太过突出，将重点放在了追求数学解题训练的效率方面，过于看重"分数"与"名次"，并没有看到数学知识所体现的意义与价值，也没有关注学生参与数学学习活动的意义与价值，这在很大程度上降低了数学知识对学生主动发展的推动作用。

第三，学习形态。这种形态主要指的是确立学生生命活动的价值，能从根本上激发学生的主动性与积极性，促进学生的全面发展，提升学生的学习水平，是学生进行创造性学习活动的对象，是培养学生能力与智慧的载体，是促进学生发展和进步的工具和手段。学习形态的知识具有以下四个显著特点。

首先，学习形态的数学知识属于经验形态的知识范畴。学习形态的数学知识能够将数学知识还原为最初的、具有生命力的经验状态，关联着学生早已熟悉的、见识过的、喜欢的东西，尤其是和学生数学现实已经存在但是没有经过培训的、缺乏严谨性的数学知识相通。学习形态的数学知识将数学世界和现实世界联系了起来。

其次，学习形态的数学知识属于有"生命态"存在的知识。学习形态的数学知识注重和学生生命活动之间的关系，转变了对数学知识的看法，不再囿于数学知识是不变的真理，而是将数学知识看成是可探寻、可分析的方法。学习形态的数学知识能够帮助学生深化对数学知识内容的理解，清楚知识内容对人生、对自身成长的价值。

再次，学习形态的数学知识属于兴趣化的知识范畴。学习形态的数学知识注重探索和学生生活世界的相通之处，从学生最为熟知的事实真相和知识经验入手，有助于使学生体验好奇和"惊讶"之感。学习形态的数学知识将数学知识融入了学生的自觉生活中，能够帮助学生体会人生价值。学习形态的数学知识对学生而言极具吸引力，能够最大限度地调动学生学习的积极性，增强学习的信心，引导学生进行主动探索。

最后，学习形态的数学知识属于整体性知识范畴。在学生面前呈现的学习形态的数学知识并非知识的"中段"，而是一个知识"全景"，包含着多方面的内容，囊括了知识的来源、知识的发展历程、知识的运用、知识对人类的影响等等。从这个层面来讲，学习形态的数学知识可以说是一种"活的知识"。学习形态的数学知识使学生的学习活动更具内涵，在课程之后，也能让学生在生活中体会所学知识的价值，进而提高生活的意义。

小学数学教学设计的一个主要任务就是要将学术形态的数学知识加工成学习形态的数学知识，使学生能够充分参与知识的形成发展过程，让他们成为知识的发现者、贡献者与拥有者。

2. 学习性问题

学习数学一定要会提问，学会提问是学好数学的重要条件。学习数学的根本就是掌握数学思维方式，归纳和总结数学思维活动的经验，以疑问和惊奇为出发点。从这个意义来讲，问题是小学数学教学设计中最核心的内容之一。在数学教学设计中，合理设置问题有着重要的意义，有助于学生加深对数学的理解，培养其数学思维，促进其进行数学创新等，还可以指导学生发现问题和质疑。总的来说，将那些能够引发学生进行数学思考的问题统称为学习性问题。

在小学数学教学设计中的学习性问题可分为两类：一类是显性问题，指用语言明确表达的引导学生思考和探究的那些问题；另一类是隐性问题，指学生在学习过程中可能生成发现的那些问题。教学设计的大部分问题是显性问题，它是引导学生进行数学理解、数学探究、数学思考以及问题解决的有效工具和手段。

针对提问起到的学习引导作用，显性问题可以分为下列几类。（1）唤醒性问题，这类问题可以指导学习者对新知识的相关信息进行记忆、启动相关学习策略、积累相关活动经验等；（2）操作性问题，这类问题能够指导学生动手操作，开展数学实验，体验数学知识的形成，生成数学活动经验；（3）探究性问题，这类问题能够帮助学生确定数学思考和解题的对象，指导学生了解数学的概念，找出数学的结论，掌握数学解题思路；（4）解释性问题，这类问题能够指导学生在新知识与旧知识之间、数学和生活经验之间建立联系、深切体会数学和人类文化生活的联系；（5）反思性问题，这类问题能够指导学生复习所学知识、总结解决问题的策略、掌握数学思想方法、积累数学活动经验；（6）评价性问题，这类问题能够指导学生对比分析各种方法的利弊，对数学知识进行反思，进一步探索数学学习的意义，并对自身学习效果进行评估，以此调整自己的学习状态。

所谓隐性问题，是指在学习过程中学生所发现并提出来的各种隐藏的问题。隐性问题通过显性问题来承载，很多显性问题（以探究性问题、反思性问题和评价性问题最为突出）本身就是隐性问题产生的载体。充分利用这些显性问题，不仅能启发和指导学生对隐性问题进行预测，使他们找出隐性问题的"影子"，还可以衍生出新的隐性问题。

（二）怎么学

"学习活动"与"学习方式"是构成学习过程——"怎么学"的两个关键要素。

1. 学习活动

苏联数学教育家斯托利亚尔提出了一个著名观点："数学教学是数学活动的教学。"[1]他将数学活动归为三类：第一类，经验材料的数学组织化，这类数学活动需要通过观察、实验、总结、概括等方法来寻找事实材料；第二类，数学材料的逻辑组织化，这类数学活动建立在第一阶段的活动结果的基础上，从寻找的材料中归纳出原始的概念，构建公理体系，进而在此条件下建立理论；第三类，数学理论的应用，这类数学活动是建立在第二阶段的活动结果基础上的。在教学设计中，数学学习活动就是"细胞"，就是组成学习流程的一个学习单元。不同的学习活动有不同的鲜明的学习主题，学习内

---

① 斯托利亚尔 AA.数学教育学［M］. 北京：人民教育出版社，1984.

容比较齐全，学习过程比较完整，活动结果相对具体。

以某节教学设计为例，主要包括下列学习活动：（1）学习准备活动，这类活动的导向是"唤醒性问题"，对已存在于学生脑海的知识经验进行复习和梳理，帮助学生建立学习新知的切实可行的"先行组织者"，调动学生学习的积极性。学习准备活动由几项具体的内容组成，分别是知识准备、方法准备、情绪准备与工具准备。（2）学习探究活动，这类活动的导向是"操作性问题""探究性问题""解释性问题"，让学生体验提出问题、分析问题、解决问题的过程。（3）学习反思活动，这类活动的导向是"反思性问题"，通过反省认知来开展学习活动，提升学生的认识自我的能力。（4）学习评价活动，这类活动具有鲜明的特点。评价有着重要的作用，能够有效提升学生的学习质量，是学习的重要学习过程。

学习活动有着非常鲜明的特点，比如主体性、建构性等，具体来讲就是以学生为活动的主体，学生是活动的组织者和参与者。学习者在开展数学活动时积极运用各种各样的方式，以此来建构知识和学习的意义，对数学的基本思想有更加深刻的感悟，在数学基本活动中持续获得有价值的体验，领悟数学文化之意。

2. 学习方式

"认真听讲、积极思考、动手实践、自主探索、合作交流等，都是学习数学的重要方式。"强调学习活动的主体是学生，要积极发挥教师的主导作用，协调好教师教学与学生自学之间的关系。这里所提到的"认真听讲"主要指传统的学习方式，准确点讲，就是接受学习；"动手实践，自主探究，合作交流"主要是指课程改革所倡导的学习方法；"积极思考"对于一切有效的学习方式来说，都是不可或缺的。任何学习方式都不可能完全达成课程标准所要求的所有发展目标。"每一种学习方式都有其特定的发展功能、价值，没有一种学习方式能普遍地适用于所有的目标、全部的内容或每一个学生。"[1]小学数学教学设计应该秉承多元的学习方式的理念，积极发挥多种学习方式之长，相互借鉴，形成功能多样的"复合式"学习模式。

---

① 陈佑清. 教学论新编［M］. 北京：人民教育出版社，2011.

接受学习可以被理解为学习者把他人体验转化为自身体验，所学知识由传授者用一定定论或认定的方式进行教学，不用自己独立去发现什么。接受学习关联的教学方法是讲授教学法，具体来讲就是学习者内化并整理传授者传授的素材，在需要的时候可以拿出来使用。奥苏伯尔是美国著名的心理学家，他将接受学习划分为两类，分别是有意义接受学习和机械接受学习。有意义接受学习的过程是一个主动获取知识的过程，新知识与旧知识相互作用，也就是新知识被"认知—知识结构"同化。

所谓探究学习，是指学生在与科学（或学术）相似的学习过程中，对科学概念进行认识、对规律进行探索与归纳科学结论的学习方法。探究学习也叫发现学习，一般探究学习选择和确定课题是基于学科领域或现实生活。教师在教学过程中需要创设与科学（或学术）学习相似的情景，引导学生独立自主地学习，并提出相应的问题，开展实验、操作、考察、信息的采集和加工、表达和沟通等探究活动，循序渐进地训练学生熟练掌握搜集、整理的方法，进而转化和运用信息来解决相关的问题。

所谓自主学习，就是要发挥学生主体性，开展学习活动。展开来讲就是学生在学习活动开始之前明确自己的学习目标，制订科学合理的学习计划，为学习做好充分的准备；在学习活动中，学生时时监测自己的学习进度，根据实际情况调整学习方式，及时进行自我反省和自我调节；在学习活动结束后，学生要评价自己的学习效果、总结学习经验、弥补学习中的不足。自主学习具有非常鲜明的特点：（1）基于学生自我意识发展的"能学"；（2）基于学生有内在学习动机的"想学"行为；（3）以学生获得某种学习策略为前提，以"会学"为目的；（4）以学生的意志努力为基础，进行"坚持学"。

所谓合作学习，就是在一个"学习共同体"里，学生为完成共同任务而进行的学习，有明确分工互助学习。它是以班级为单位，在教师引导下学生之间进行互动交流的一种教学组织形式。"学习共同体"除常规性学习小组之外，还可两人组成"学习对子"。合作学习强调学生之间、教师之间以及师生与同伴之间的相互支持和帮助，其核心就是通过建立和谐平等的师生关系来促进学生间相互交流沟通，从而实现共同进步。

就小学数学课堂教学而言，所有切实有效的学习方式都涉及接受、探究、自主与合作四个构成要素。不同的学习方式中各组成部分的比重有所不同。接受学习中"接受"成分比重最高，而自主学习中"自主"因素最多。具体分析学生的发展，可以发现在课堂教学中，学生学习通常可以划分为三个层次：一是主动接受；二是自主发现；三是意义创造。小学数学的教学设计需要充分分析小学生特点和小学数学教学内容，并应用多种"复合式"的学习方式，在其中融入自主性的接受学习、自主性的探究学习、合作的接受学习和合作的探究学习等。

（三）学得如何

"学得如何"可以被理解为通过学习而达到的结果，主要指学生学习所达到的水平以及他们在学习期间生命活动的状态。具体的教学设计需要切实考虑两个问题：一是认识和评判学习效果的基础和标准——学习目标；二是对学习效果进行评判的过程和途径——学习评价。

1. 学习目标

所谓学习目标，就是学生在学习活动中，对过程和结果所表现出来的任务所指。"学习向量"是学习的重要目标。学习目标需要确立明确的学习起点，选择学习的方向，具备多样化的、可选择的学习活动方式，以及可能实现的学习程度，这里提及的学习程度既包括学习结果，也包括学习状态。学习目标发挥着重要的作用，能够指引学生前进的方向，规定学生学习的成果等。

小学数学教学的学习目标应以规定的课程目标为依据进行设计，主要包括以下几方面。

（1）掌握与社会生活相匹配的数学基础知识，并获得能够长远发展的数学基本技能、数学思想，积累数学活动经验。

（2）在数学知识之间进行体验，感受数学和其他学科之间的关系，将数学思维方式与实际生活相结合，善于发现和提出问题，能够分析和解决问题。

（3）正确认识数学的价值，调动学生学习数学的积极性，坚定学好数学的信心，培养数学学习习惯，积极发展创新思维，坚持务实的求学态度。

就小学数学教学而言，学习目标不仅是学习所要实现的发展性目标，更是学习的有效途径，有其独特的学习价值，其特点如下：

第一，操作性。学习目标以学生为主体，在学习目标中，学生是最直接的行为主体。学生需要正确理解学习目标，将学习目标化为切实的行动；需要了解学习活动的基本方向，预测学习活动可能产生的结果。就教学设计而言，学习目标通常由学生在学习过程中内在心理过程与外在行为表现结合起来的文字所描述，所使用的行为动词是学生熟悉的、具有明确动作指向的、可预测其结果的动词，如"说明""举例""解释""比较""推测"等，一般不使用诸如"了解""理解""掌握""应用"等这些动作指向模糊、学生难以把握的术语。

第二，过程性。从教学设计角度来讲，单独罗列教学目标无法自动地转化学生的学习行为，必须将学习目标与学习活动有机融合起来，才能切实发挥其应有的作用，比如定向、激励和调节的作用等。进行具体的教学设计时，教师需要分解教学目标，使之与学习形态和学习活动相适应，并贯穿于特定的学习方式中。

第三，发展性。学习目标能够拓展学生的学习生活经历，增加学生体验生活的可能。从这个角度来讲，学习目标不仅是学生需要完成的学习任务，而且从某种意义上来讲也是一种学习内容和认识对象。尽管学生是学习目标的行为主体，但是一般情况下由教师来设置学习目标，会导致学习目标无法涵盖学生学习发展的全部目标，无法满足所有学生的学习发展需要。可以说，学习目标只起到了一种草图的作用，需要学生在实际的学习中去不断地丰富、修正和提高，并与自己的学习需求相适应，从而达到发展自我和超越自我的效果。

2. 学习评价

学习评价的内涵为对学习活动是否符合社会和学习者的需要进行价值判断。作为一种实践活动，学习评价要匹配学习活动方式。学习活动方式和学习活动的性质深刻影响着学习评价，决定着学习评价的目的、标准、主体、对象和价值判断。从这个层面来讲，学习活动是评价活动的前提条件，有了学习活动才有评价活动；相反，评价也会反作用于学习活动，对学习起到一定程度的调节、改进和生成的作用。

从根本上来说，学生的数学学习具有典型的"自组织"特点，也就是学习者需要自己判断和评价学习的进程、学习的效果、学习的状态和学习的价值意义，进而进行自我调控，调整学习的进度。按照评价和学习活动互动模式，可以对学习评价分为对学习成果的评价、对学习行为的评价和学习内评价。

所谓的对学习成果的评价指的是在一定学习活动或者学习阶段中，评判学习效果的学习活动，主要评价或测试学习过程的"平均效果"，以帮助学生明确学习进程、了解自己的学习结果、积累成功的经验。例如，在平时教学时的考试、期中和期末考试都属于对学习评价的范畴。

所谓的对学习行为的评价可以被理解为肯定或否定学生的学习行为或学习表现，帮助学生理清学习的状态，发现学生学习中的优势之处，进一步增强学生的自我效能感，在一定程度上提升学生的学习水平。

所谓的学习内评价可以被理解为学习自身内在的、能够满足学生自身需要的认识性实践活动。学习内评价与学习活动存在着紧密的关系，生成于学习活动，注重对当下学习效果的考核，有助于帮助学生通过评价来提升自身价值。学习内评价有几种比较典型的方式，分别是质疑、比较、协商和鉴赏。

在实际的教学设计过程中，排在前列的常常是"学习目标"，排在末尾的常常是"学习评价"，这在一定程度上缩窄了学习目标和学习评价的内涵，削弱了学习目标和学习评价的功能。学习目标和学习评价具有一个相同的属性，即过程属性，这一属性应贯穿于整个教学过程。

综合来看，组成小学数学教学设计的基础要素共有六个，分别是学习性知识、学习性问题、学习活动、学习方式、学习目标与学习评价。这些基础要素是构成小学数学教学设计中的最基本的组成部分，将这些基本构件相互组合能够产生多种教学设计模式。学生、教师和教学内容是数学教学的三个最基本的要素，他们将这六个要素体现在教学实践中。

二、教学设计的基本步骤

（一）学习需求分析

教学设计的基础就是学习需求分析，学习需求分析需要在整个设计活动系统中选择合适的活动主题，这也是教学中必须处理的中心问题。所谓的学习需求可以被理解为小学生当前学习发展水平，以及预期实现的学习发展水平，学习需求分析是其主旨所在，包括：（1）对学生已有学习状态进行剖析，找出学习问题；（2）对存在的问题进行原因分析，从而判断小学数学教学设计中解决这一问题的概率；（3）对现有资源和约束条件进行分析，旨在证明问题解决的可行性；（4）分析问题的意义，明确解题顺序。

（二）教学内容分析

教学内容分析，也就是人们通常说的"备教材"，需要在教学设计中提供适宜的活动载体。要按照课程标准基本要求研究教材，并与小学生原有的数学知识经验相结合，进一步分析教学内容的学科地位和功能，把握前后知识的内在联系，拓展知识生成和获取的途径，明确教学重点和难点。具体的分析应注意两点：第一，重视学生经验基础，应将学生个人认识、生活经验与现实世界结合起来，生成一种重要的教学资源。第二，正确理解教材。教材只是教师与学生开展教学活动的材料与手段，能够为学生提供一个学习数学的平台，尤其是新课程理念中的数学教材，更是为教师留有足够的拓展余地。教师在教学中应创造性地运用教材，应作适当的增补、重组和扩张，需要"用教材教，而不是教教材"，应充分利用多种教学资源，给同学们提供丰富多样的学习素材。

（三）学习者分析

学习者分析通常被称为"备学生"分析，在教学设计中应明确活动主体。在数学学习中，学生占据着主体地位，学生之"学"，是教学设计之起点与终点，所以，设计者应充分分析小学生的特点。从学习的层面上讲，小学生主要特点涵盖了目前的学习起点、学习风格以及人际交往的特点等。学习起点可以被理解为学生现有的知识和技能水平、情感态度、动作技能水平的关系等。学习起点，从某种意义上来说是"学习准备活动"设计的首要基础。学习风格，是指学习者在漫长的学习活动中所形成的一种学习时对环境、时机、感知信息的渠道、思考方式等方面的青睐。例如，有的同学喜欢在早晨学习，而有的同学喜欢在夜间学习；有的同学爱出声读书，而有的同学爱默读；有的同学爱分析问题，而有的同学喜欢从总体上考虑问题；有的同学一遇困难便放弃，而有的同学却能够持之以恒。人际交往特征就是学生在人际交往中表现出的某些特征，如性格内向和外向、冲动和冷静、情感型人格和理智型人格等。

（四）学习目标设计

过去教学设计多注重教学目标，却很少涉及学习目标。学习目标行为主体为学生，这是根据学习者分析和教学内容分析而定的。所谓学习目标，是指学习活动过程和学习结果中所包含的任务所指，其中"任务"包括"知识技能""数学思考""问题解决""情感态度"四个方面；"指向"包含着方向和归宿之意。学习目标不仅要确定学习起点，还要明确学习方向，同时，学习目标对学习程度提出了特定的要求，学习目标是引导学生求知的导航仪，也是规范学生学习行为、对学习效果进行测试的评估依据与标准。

（五）学习内容设计

学习内容的设计集中在"学习性知识"和"学习性问题"两大元素上，为了解决"怎么学"这一难题，需要以教学内容分析和学习者分析为依据，把教材的知识信息等可用教学资源进行处理组合，为学生干预、探索、思考和遐想提供便利，进一步拓展学习形态。学习内容就是学生数学学习活动所要达到的目标，是达到学习目的的媒介。设计学习内容必须能够反映学生个体之间的差异，必须有层次性。"学习性知识"可以按以下几个层次的次序进行设计：由事实性知识向概念性知识和方法性知识转变，进而获得价值性知识。这就能让学生思维层面经历从低级向高级的发展，也就是由感性思维水平向理性思维水平转化，也能达到辩证思维的高度。"学习性问题"宜采用"问题串"方式进行设计，可以把"学习性问题"设计为下列四个不同层次。

（1）单一结构水平问题：仅利用一条有关线索或信息来获得问题解答。

（2）多元结构水平问题：直接使用问题中两个或两个以上彼此独立的材料就可以获得问题的解答。

（3）关联结构水平问题：只有将问题中各信息有机地结合起来才能获得解答。

（4）扩展抽象水平问题：在回答时需从问题隐含的信息提取抽象的一般原则。

（六）学习过程设计

学习过程设计的重点是"学习活动"和"学习方式"两大因素，为了解决"如何学"问题，它以学习目标设计和学习内容设计为前提，建构学生数学学习活动途径和过程。设计中包含两个"顺序"：第一，数学知识逻辑顺序。数学活动要表现数学知识独特的逻辑关系和结构体系（尽管今天的数学教学已经不求严格的形式化体系了，但是必要的逻辑结构仍然是应当有的）。第二，学生认识的心理顺序。数学活动要遵循先体验、再概念的原则，首先是感性，然后是理性，依次进行，要符合"练习—理解—再练习"的认识规律，努力使学生感知知识发生和形成的过程，让他们在实际工作中去发现、去质疑，并在实践的过程中寻找规律，得出结论。在数学思维活动中，应先进行归纳思维活动，然后进行演绎思维活动。

（七）学习评价设计

学习评价不仅是教师和学生对学习活动质量及时认识的反馈手段，也是一种重要方式，是学生在学习过程中的重要内容与策略。学习评价在教学设计中必不可少。学习评价是随着学习活动的进行而贯穿学习过程的始终的。在学习评价设计中应适当地运用对学习成果的评价、对学习行为的评价和学习内评价三种评价方式。对学习的评价是一种学习结果的评定，一般采用"测评"的方式，有利于学习效果的反馈；对学习行为的评价主要针对学生的学习行为和状态进行评估，具有一定的动态性，为学习的评价是与学习过程相伴的评价活动，它以改善学生学习行为和学习习惯为主旨；学习内评价转变了评价的角度，使评价转向了对知识内在价值的理解上，目的并不在于"证明"和"改进"，而是为"明了"和"认识"服务。教师要通过对学习活动的评价，引导学生评意义、评认识、评价值、评感情、评信心、评生命活动状态等等。

（八）教学反思

教学反思，是指教师在教学实施之后，自我评价教学设计方案的一种活动。教学反思的主要反思问题：教学效果和预期目标之间的距离并分析其原因；在教学过程中，有哪些突然产生的启发、给人留下深刻印象的议论、学生特有的思维；哪些地方不同于设计的学习过程，同学们有哪些没注意到的问题；等等。教学反思的主要目的是为教学设计的进一步优化和改进积累经验，教学反思是教师实现专业化发展的需要，也是向优秀教师发展的有效方法。

第二节　数与代数领域的教学设计与实施

一、第一学段数与代数

（一）第一学段数的认识

认识万以内的数，是小学数学第一学段的基本内容，更是每一位小学生都要具备的基本的数学知识。在数学教学中，需要分三步来完成这一目标：第一步，对 20 以内的数要有一个了解；第二步，对百以内的数进行理解；第三步，对万以内数进行理解，这三步应贯穿一、二、三年级始终，其中包括数数、认数、读数和写数。其中认、读和写 20 以内的数是非常重要的。一般来说，数目较大的数字，学生在生活中接触的是比较少的，但在实际生活中，人们习惯于取近似值以此来表示更大的数字。所以，这第一学段的教学，要与现实素材相结合，帮助学生体会大数是什么，引导学生初步学会对生活中某些大数范围进行估算，这也是学生了解社会的一个重要方面。

分数、小数是数的思想的一个重要扩展，与整数比较，分数与小数的含义、书写形式、计数单位、计算法则等存在着很大的差异，再加上学生在生活实践中又接触得较少，学生学习分数和小数的难度要远远高于学习整数的难度。由此看来，教师在教学中要与学生的具体生活经验相结合，引导学生初步了解分数的含义，并使他们能识别和阅读分数，写出小数和简单的分数。

（二）第一学段数的运算

四则运算在小学数学中具有最为基本的地位，在小学阶段，尽管"加减乘除"这一定义在表达上已十分直观，但是对于低年级小学生而言，还比较抽象。所以，在实际的教学过程中，教师应该指导学生在日常生活中通过解决许多简单的问题来逐渐理解抽象的四则运算含义，而抽象过程要以学生"体会"为中心，不是死记硬背四则运算定义。对四则运算，可从加、减、乘、除法分别加以说明：（1）加减法要求是对 20 以内的数字进行加减；口算百以内加减法；会算三位数加减。其中 20 以内数加、减和表内乘除法就是研究数的运算的基本知识，是否能熟练口算，会影响学生以后计算的速度。对于万以内数的加减，对学生没有硬性要求，只需要会算。（2）对乘除法提出了表内乘除法、一位数和两位数相乘、两位数乘积、三位数除一位数的要求。其困难在于两位数乘积和三位数除一位数，两个知识点相对于学生已学过的知识而言，会有一个重要的思维跨越。

从整数四则运算出发，这学段的对分数和小数提出了操作要求，也就是同分母分数（分母小于 10）加减法和货币单位按"元"标价的小数加减法，旨在使学生对分数和小数有一个初步的了解。

估算是和学生思维活动密切相关的。同学们进行估算的时候，要进行合理的推测，估算运算结果范围，进行灵活运算的思维活动。该学段估算教学，要与具体场景、内容相结合。

（三）第一学段常见的量

本学段中常用的量，多为同学们在生活中已接触到的计量单位。一是货币单位元、角、分。主要让学生了解货币单位元、角、分以及十进制转换关系。关于元、角、分之加减计算，只有比较直观、比较容易的练习。二是时间单位。与货币单位相比，时间相对抽象，运算也相对复杂。所以，在教学时注意通过学生的时间感讲解 24 时计时法，使他们注重对钟表的了解，能够正确地读取钟表的时间。难点在于对 24 时计时法的认识和计算时间，通常分为两部分进行，前期主要是让学生了解钟表和会看钟表中正点、半点的时刻，后者主要是让学生理解 24 时计时法和计算时间。三是常用量为年、月、日。年、月、日，比钟表上的时间还要抽象，学习的难度会超过 24 时计时法。主要研究一年之中的月份数和大月、小月天数和平年、闰年、季度、旬的概念。关注的焦点应该是对年、月、日的理解。另外，判断闰年也是个难题。四是常用量为克、千克、吨。要求了解和掌握克和千克、吨之间的换算关系等。在教学中，教师可以通过指导学生对常见量相关的简单题目进行解答，以取代常规应用题训练。

二、第二学段数与代数

（一）第二学段数的认识

第二学段的内容是以学生学习的第一学段的知识为前提的，进一步扩大了数的计算范围。通过本阶段的学习，学生可以深入了解数的大小，认识万以上的数字，了解十进制计数法以及以"万"和"亿"为大数单位。这就要求教师在教学中要注意引导学生从具体事例出发，逐步培养他们掌握正确的数量词。具体而言，首先要让学生认识"万""十万""百万""千万""亿"等计数单位，了解这些单位的名称以及它们之间的关系，并能正确地读写数字；其次，要让学生熟练地掌握多位数的读法与写法、数的近似值，等等。

小学生在生活中接触大数较少，然而大数的运用在实际中是大量存在的，在教学时，教师需通过设置多种多样的生活情境，使学生体会到这几个大数所具有的现实意义，并且能够灵活地运用各种方法去估计。教学难点在于让学生能以"万"和"亿"来表示大数，这是因为学生比较习惯使用"个"的数字。

基于对整数和整数四则运算的理解，开展有关数的整除的知识学习，是这一阶段的重点，同时也为之后学习分数的四则运算奠定了基础。针对数的整除知识，这一阶段所要把握的要点就是对倍数、公倍数与最小公倍数的理解以及了解公因数及最大公因数。其中对于倍数、公倍数与最小公倍数问题的研究，要求学生能总结发现 2、3、5 的倍数的特征，也能从 1 到 100 的自然数中熟练找出自然数在 10 以内的全部倍数，能求出 2 个自然数在 10 以内的公倍数及最小公倍数。

在对整数的研究这一阶段，还存在着对负数理解的问题。负数的出现，是整数概念在一定程度上的延伸，这一阶段仅要求学生从日常生活中的常见问题出发，认识负数，体会负数对生活的影响。

关于小数与分数，学生对第一学段的内容已初步了解，这学段要求学生对小数含义有进一步的理解，深刻认识小数的特征，能够进行小数大小比较，了解小数点的位置发生偏移，就会导致小数的大小发生改变。此外，学生还要了解分数的含义、分数性质、分数大小对比等，这一阶段还提出了百分数概念，教师需要帮助学生掌握小数、分数、百分数间的换算。其中分数的大小比较以及小数与分数、百分数的转化具有较大的难度，必须建立在数的整数知识的基础之上。

（二）第二学段数的运算

进行加减乘除四则运算时，本学段是第一学段两位数乘以两位数和三位数除以一位数的拓展，这一阶段的教学以学生理解算理为中心，难就难在三位数除以两位数的计算。同时，这一阶段需要学生通过探究来掌握基本运算律，教学重点在于引导学生对运算律的探究，困难之处在于运算律的运用以及怎样才能使某些四则运算可以方便地进行运算。要以基本算理、运算律为基础，让学生识别中括号，能够执行简单整数四则混合运算。其中，指导学生认识运算的先后次序并灵活地运用运算律，是一个难题。在具体操作和解决简单实际问题时，体会加与减、乘与除之间的互逆关系，对深入理解四则运算大有裨益。

关于分数和小数的运算问题，这一阶段要求学生熟练掌握小数加减方法、小数乘除法、分数加减法、分数乘除法、四则混合运算及应用题。以上内容为第二学段数算的关键。这部分内容主要要求学生能正确地理解并掌握有关小数及分数的概念以及它们之间的计算。同时，将应用题训练转化为解决某些简单实际问题的训练，将数的运算与简单的实际问题的求解结合起来，这是教学的一项重要工作。学生对小数和分数的把握和对百分数计算法则的掌握，有助于指导学生应用所学知识解决实际问题。

在本阶段的教学中，数的运算增加了一项内容，即在具体的情境中掌握常见的数量关系，比如总价=单价×数量、路程=速度×时间，能够解决简单的实际问题。这就要求教师在教学过程中要指导学生解决特定情境下的实际问题，清楚常用的量，带领学生进一步探究量之间的关系。

这一学段对估算提出了较高要求，强调让学生根据具体的问题、场景，在众多估算方法中，选择适合问题求解的途径，同时培养估算的好习惯。

（三）第二学段式与方程

用字母来表示数，属于学生学习代数的启蒙阶段，该学段教学需要让学生置身于特定的情境之中，换句话说，就是教师要从学生熟悉的生活中选一些典型的数字关系，指导学生以字母来表示数量。同时这一学段要求学生能够运用数字符号来表达生活中数量关系，会用字母符号来表达实际生活中的等量关系。对于学生而言，这一阶段的学习是从算术思维方式到代数思维方式的演变过程，教师指导学生利用方程构建特定情境下的等量关系，帮助学生改变原来的思维方式。

建立了方程之后，应用等式性质求解方程，这是一种代数方法。一般来说，小学生都会着手解方程，主要借助的是加和减、乘和除之间的逆运算关系。教师在教学过程中，怎样指导学生认识等式是一个重点和难点。一是等式双方同时加减了同一个数字，等式仍成立；二是等式两侧同时乘以或除以同一数字（0例外），等式的性质仍有效。

（四）第二学段正比例与反比例

正比例与反比例是小学数学最后阶段的内容。在学习正反比例之前，学生应该已经有了整数、小数、分数、百分数的基本知识。同时，正反比例的有关知识也为数学函数的学习奠定基础。

按比例分配，是现实中常遇到的问题，就其数学意义而言，也是比和分数之间的关系。教师在教学中要指导学生从实际情境出发去认识按比例分配这一概念，并且能够掌握按比例分配的解题思路。这一学段强调学生能够依据各部分数量的比例，找出各部分量与总量的关系。基于学生对"比"的内涵的认识，教师要指导学生对两种在生活中存在一定联系的数量是否成正比、成反比进行评判，并应用此法解决一些实际问题，帮助学生理解正比例、反比例过程中应渗透的函数思想。更进一步地讲，教师可以通过把正比例关系画在方格纸上，引导学生在坐标系中直观地感受形象，让他们对函数思想有深刻理解。

第三节　图形与几何领域的教学设计与实施

一、第一学段图形与几何

（一）第一学段图形的认识

认识和理解几个基本的图形，是研究图形与几何中的一个重要组成部分。这个学段的第一项任务，就是指导学生观察和识别图形。教师要带领同学们对周围实物及模型进行观察，识别长方体、正方体、圆柱体、球等各种立体图形的性质，这有助于学生由实物的立体图形向抽象的平面图形循序渐进地过渡，进而识别长方形、正方形、三角形、平行四边形、圆和其他一些基本的图形。在教学过程中，教师将立方体和平面图形的教学内容相互交织，加入部分直观内容，不仅有助于学生对两者特点的把握，也利于学生理解空间概念。其中，识别过程应让学生在观察中运用自己的话来描述立方体及平面图形。在识别几个基本立方体及平面图形时，学生需要依据具体事物、通过照片或者直观图来识别不同视角下的观察对象。在具体教学时，教师应选取学生所熟知的简单对象，指导学生采取不同方式进行观察，体验相同的对象在不同方向上存在的差异。在同学们积累一些观察经验后，教师可利用某一物体在不同方位角上的图或图片，激发学生对其外形的想象，培养学生最初的空间想象力。

本学段的第二项任务是指导学生进行操作。要让学生通过观察、操作，初步了解长方形、正方形特点。在实际教学时，教师要尽量给学生以观察和操作的机会，指导学生运用各种手段进行操作。另外，要让学生自己动手进行拼图，并对拼出的图形有足够的想象，这是加深学生对正方形、长方形、三角形、平行四边形与圆形性质理解的重要方式。例如，教师在指导学生独立拼图和分组合作拼图时，让他们再次相互沟通自己的思想，这对于提升学生想象能力和直觉思维能力是很有成效的。

对"角"的初步理解，也是该学段教学的内容。"角"是教学中较为抽象的概念，教师必须鼓励学生亲自动手操作。例如，教师可要求学生将直角、锐角或者钝角学具重叠，做多次对比，并将它们画在纸上，判断谁的角度较大。如此重复操作，可以帮助学生识别直角、锐角、钝角等。

特别强调，本学段应避免考查学生对图形概念的记忆，要注重结合现实素材和生活情境评价学生对图形的认识。

（二）第一学段测量的要求

就测量特定对象而言，蕴涵着两方面的重要观点：一是联系实际或者举例，二是实践或者探索。从实际情况或者例子看，在教学时，要让每个学生参与到物体长度测量活动中来，教师要鼓励学生采用多种测量方式，并请同学们进行交流和探讨，使学生循序渐进地理解统一度量单位的意义。例如组织学生对书本进行测量、测量课桌的长短；指导学生运用测量工具，如使用尺子、铅笔、绳子之类的测量工具，同时指导学生对测量结果进行完整语言描述等。通过这类活动，学生可以领略到测量单位是多么重要，以及统一测量单位的必要性。

从实践或者探究的角度来看，首先，要让学生通过实践认识长度单位千米、米、分米、厘米、毫米。其中千米、米和厘米是常用的单位，相对重要，分米、毫米应用比较少见。这一阶段的内容难就难在不同单位之间的换算，需要灵活选择合适的单位。其次，要让学生在练习中知道面积单位是平方厘米、平方分米和平方米。同样，平方厘米与平方米也是比较重要的，学习中的困难在于单位之间的换算。与周长相比，面积的概念是抽象的，在教学中应强化实例操作，引导学生在动手操作时具体感受一下它的规模，循序渐进地理解面积的意义。比如要求同学们具体画出边长为1厘米的正方形，具体感受1平方厘米的大小。

联系实际或者举例来实践和探究，这在图形和测量上是一个比较高的需求。结合例题，要使学生通过具体的操作活动，感受周长与面积的现实意义；要使学生通过探究，总结出长方形、正方形周长和面积公式，不再仅注重公式的计算，而应使学生在探究过程中，对数学产生自己的认识，在和别人沟通的同时，不断完善自身的思维。同时需要指出的是，探索活动常常是从估算开始的，要结合学生在日常生活中对某些物体长短的感性理解，指导学生有理有据地估算某些物体的长度，对给定的长方形、正方形区域进行估算，这样有利于学生体会估测的必要性，形成估测意识。

在测量活动中，教师不应只注重成果的精度，更重要的是要注意学生对测量活动的主动参与程度以及是否能够采取不同的测量方法，应尽量避免复杂的单位换算，指导学生认识测量的现实意义与功能。

（三）第一学段图形的变换

第一学段图形变换内容较为简单，要求学生能够结合例题感知平移、旋转、轴对称现象，能够识别简单图形平移之后的图，并能够观察、运算、理解轴对称图形。

在实际生活中，有许多平移、旋转、轴对称现象，图形变换这一事实极易被提出来。因此，本学段图形与变换的教学重点应是使学生理解上述现象的基本性质，体验转换的整体特点，用变换的眼光去鉴赏图形、设计图案，体验变换的广泛运用。

教师在教学时不应仅要求学生背诵书中图形和变换等定义，还要使学生感悟图形变换这一现象，并且能够运用图形变换的有关概念来分析、描述某些生活现象，初步认识图形变换。本学段教学仅要求使学生感悟图形平移、旋转过程，并理解平移、旋转后的图，在画平移的图形、旋转的图形和轴对称图形方面没有对学生做硬性的要求。

（四）第一学段图形与位置

了解物体的相对位置，是研究空间概念的依据。教师在教学中要特别重视创设学生所熟知的生活情境，把学生喜欢的特定对象作为主要目标，指导他们运用自己的话来描述对象的相对位置。另外，要根据学生的生活实际，引导学生学会看图上的走势。教师在教学时尽量不呈现某些抽象图形，以免加大困难、降低学生学习的兴趣。

例如，教师可让学生叙述上学回家的路，或绘制线路图，让他人可以根据绘制好的线路图寻找到正确的位置；再比如让同学们站到操场上，教师引导学生画出学生所处的特定地点等。

二、第二学段图形与几何

到了第二阶段，学生普遍在图形和几何方面有了相应的积累。例如，能够理解基本的图形和基本的量，具备了一定的空间观念。

（一）第二学段图形的认识

以第一学段对基本几何图形的理解为基础，在这一学段中，同学们还是需要借助和生活实际相关的特定情景来理解几何图形。但是第二阶段对图形的认识不同于第一学段在简单几何体、平面图形等方面所得到的直观体验，这一学段同学们所理解的几何图形是由点、线、面、体和角等各层面内容所组成的。另外，这一学段的教学还是应该注意从同学们耳熟能详的生活实例入手，让学生通过观察、操作和其他实践活动，对图形有更进一步的理解，如此一来不仅有助于学生理解几何图形，还有助于帮助学生真正体会身边的数学，感受并理解数学在认识周围世界、解决实际问题中的价值。

直线、射线、线段是几种最为简单却又最为重要的几何图形之一。在教学中，教师要结合例题，在直观演示和操作上引导学生了解其基本特征，指导学生进行直线、射线与线段的对比，分清异同点。在学生充分认识线段的基础上，教师还要引导学生分别使用线段、折线、曲线连接两点，带领学生量一量、比一比，使学生深刻体会到两点之间的全部连线中，线段最短。在学生了解直线的基础上，教师要将教学与生活情境相结合，让学生在特定的环境下，感受平面内两条直线之间的平行与相交（包括垂直），引导学生体验点到直线之间的距离、直线和直线之间的距离。

第一学段，学生在对角的理解方面已经初步了解了直角、锐角和钝角，在第二学段，学生不仅要了解周角和平角，同时也要了解这几种角的相互关系，要由第一学段的直观认识逐步向抽象认识转变。在教学中，教师可借助多样化的直观教具或多媒体技术，向学生展示不同的角，指导学生观察各种角的特点，根据特定的标准将角划分为不同的类别。

对平面图形与立体图形的理解，同学们要以观察为基础、操作为辅助，需要识记的平面图形为平行四边形、梯形、圆和三角形，需要辨认的立体图形有长方体、正方体、圆柱和圆锥。第一，认识平行四边形、梯形和圆。由于这些图形在生活中都非常常见，在教学过程中，教师可以让学生将观察和测量结合，通过一系列的实践操作活动，引导学生注意标准图形与变式图形的差异，帮助学生认识图形的本质特征。第二，了解三角形。关于三角形的研究，是该学段图形认识中的重点，也是难点。对三角形的研究主要包括：三角形基本性质的理解。关于三角形的特征，教师可引导学生通过观察和运算理解三角形任意两条边的边长之和都大于第三条边，三角形三个内角加起来是 180°。了解三角形具有显著的稳定性，并能够充分利用三角形的这一特点。理解三角形的高、底的概念，会作三角形的高。了解三角形的划分问题。教师在教学中，应该让学生在操作活动中认识等腰三角形、等边三角形、直角三角形、锐角三角形、钝角三角形，认识三角形按角和边的分类方式。在具体的教学过程中，教师可让学生预先备好多种不同材料、色彩、形态各异的三角形，让同学们自己归类，并说出分类依据，再在同学们对多样化分法进行探讨、交流之后归纳按角、边划分的准则，由此得出等腰三角形、等边三角形、直角三角形、锐角三角形和钝角三角形的概念。第三，了解长方体、正方体、圆柱、圆锥等。着重了解长方体与正方体的关系，难点在于长方体、正方体与圆柱的展开图形。掌握这一知识点，是以学生拥有大量长方体、正方体、圆柱、圆锥的直观体验为前提的，并且要让学生了解平面图形相关知识。第四，从不同的角度对实物进行观察。在第一个学段，学生能够依据具体的事物、照片或者直观图识别从不同视角下观察的简单对象；在第二学段，学生能观察实物，凸显图形和生活之间的关联。在教学中，教师应鼓励学生进行操作、观察、分析、对比、评判或者直观模拟、推测、合情推理等等，逐渐在三维立体空间和二维平面之间建立联系，要指导学生进行多角度观察，积累丰富观察经验和发展空间感。

（二）第二学段测量的具体目标

在该学段的空间和图形教学的过程中，教师应让学生在实践活动中获得相关测量知识与方法，组织学生参加整个测量流程、感受测量带来的快乐，让学生正确看待测量的价值，而不是将测量看成是简单地计算图形面积、体积等。

让学生掌握正确测量方法，能够恰当地运用测量工具，这是测量教学最主要的目的。第一学段要求同学们熟练掌握长度测量方法，学习正确运用直尺；在第二学段，同学们要测量角的度数，这比线段长度的测量更难。第二学段的教学重点在于使学生能恰当地运用量角器，又能把量角和画角以及角的分类综合在一起。例如，在画一个角之前，教师可以先请同学们想象一下，说说这个角可能是个什么角（锐角、直角、钝角等），并画出草图（不用量角器），最后再让学生使用量角器绘制出精确的角。这不仅能提升学生空间观念和逻辑思维，还能避免学生在量角、画角时因疏忽而出错。

这一学段在测量中还有一项重要内容，即周长、面积、体积等。第一，认识三角形、平行四边形和梯形的面积。引导学生掌握三角形、平行四边形和梯形的面积公式是图形与几何的重要内容。其教学重点是落实教学中面积公式的探究，利用面积公式进行运算已显得不再那么重要。第二，引导学生对圆进行探索。研究圆的周长和面积公式而不是单纯的推算。同学们在做长方形和正方形的周长和面积公式探索后，可以开展三角形、平行四边形和梯形的面积计算公式的研究，在此基础上，同学们完全有能力对圆的周长和面积公式进行探究。第三，在通过举例了解体积（包括容积）意义的基础上探索并掌握长方体和正方体的表面积和体积的计算。在对长方体、正方体表面积及体积计算公式的理解基础上，老师可指导学生进行圆柱表面积、体积及圆锥体积计算方法的探索。

对于面积这个度量单位来说，学生在第一学段已学过平方米、平方分米、平方厘米及其换算关系。这个学段要求学生把握平方千米、公顷及其换算关系，还要掌握体积的测量单位（立方米、立方分米、立方厘米、升、毫升），并且可以实现单位间的转换。在教学中，教师要引导学生体会 1 立方米、1 立方厘米和 1 升、1 毫升的现实意义，帮助学生建立 1 立方米、1 立方厘米、1 升、1 毫升的实用概念，积累估算生活中几种常见物体体积的经验。

"估计"仍然是本学段测量内容之一。因为在日常生活中，除了规则的平面图形，还存在着大量的不规则平面图形。计算这些不规则平面图形的面积没有现成的公式，其主要的方法就是估计与转化（转化成一个近似的规则图形）。因此，本学段要求学生掌握基本的估测方法，会用方格纸估计不规则图形的面积。

（三）第二学段图形的变换

了解图形的变换有着十分重要的现实意义，有助于学生认识丰富多彩的现实世界，构建初步空间观念，感受和欣赏图形的美，充分发挥学习的积极性。就本学段的教学而言，教学工具主要是方格纸，老师要组织学生在方格纸上动手操作，从中领略图形变换的魅力。第一，关于轴对称图形与对称轴的关系，要求学生能用方格纸画出对称图形的对称轴，能在方格纸上补全简单的轴对称图形；第二，掌握图形的旋转。在第一学段，学生已能够结合例题进行平移、旋转的感知，已经了解轴对称现象。这个学段的重点也是图形的平移与旋转，要求学生在方格纸上呈现图形的转换思路，开发学生的想象思维，使学生能够识别方格纸中图形平移和旋转，能够对方格纸中的简单图形进行横向或者纵向的平移，能够将方格纸上的简单图形进行 90° 旋转。

这个学段也有一定的难点，具体来讲就是让学生会用方格纸把简单的图形按照一定的比例放大或者缩小，旨在使学生体验图形转换，从而为下学期"相似形"的学习打下基础。教学时，教师应注意以最浅显的图形为切入点，借助实物或者计算机进行论证，然后带领同学们进行动手实践，从中帮助学生充分认识图形相似的特征，也就是尺寸有所改变而外形没有改变。

学会变换图形，既能培养学生的空间观念，还能激发学生的学习兴趣。现实的生活拥有形形色色、色彩斑斓的图案，这些图案体现了一定的设计性，在相当大的程度上是利用图形的平移、对称和旋转来完成的。在教学过程中，教师可以请同学们欣赏这些图案，这不仅能拓宽学生的视野，还可以让学生积极进行创造想象。在教学中，教师若能指导学生充分利用计算机技术，鉴赏和创作出各种图案，就能起到事半功倍之效；或设计一个开放式活动，请同学们运用图形变化，做出漂亮的图形，同学们可从一幅或多幅简单图形入手，根据自身的想法转换一下，获得全新图案；或在操作过程中进行连续变化，从而使得到的图案更加美观，再把同学们设计好的漂亮图案粘贴到教室外面的墙上，让学生互相交流自己图案的特征并互相赏析。

（四）第二学段图形与位置

在本学段中，比例尺是图形和位置方面的基本知识之一。在实践中，往往要将地图或者平面图中的距离转化为实际距离。所以，能看懂比例尺的实际意义是非常重要的，这一学段教学的难点就是让学生会根据给定比例尺，将图上的距离转换为实际距离。

图形和位置的具体内容有以下三方面：第一，以第一学段的识别方向为前提，第二学段明确了根据方向和距离确定物体的位置，它将识别方向与比例尺结合在一起，进一步增强了学生的空间位置感。第二，能够描绘简单的路线图。教师应带着学生将真实的三维世界转变成二维平面图，在一定程度上深化学生对物体方向、距离等问题的认识，培养学生的空间观念。具体操作时，教师可让学生给他人叙述放学回家的路，或者指导学生绘制出放学回家的路线图，借此为学生积累直观的感知经验，为后续平面直角坐标系学习做好准备。第三，能用数对来指示方位。教学中教师要紧密结合学生生活实际，指导学生体会定位的意义，并且掌握几种基本的定位方法。

第四节 统计与概率领域的教学设计与实施

一、第一学段统计与概率

在第一学段统计教学过程中，教师需要向低年级学生教授比较、排列和分类等基础知识。从低年级学生学习特征可以看出，他们缺少对生活的经验认知，有着较为固定的活动范围。为有效提升学生学习效率，教师应该将学生所熟悉的物体融入教学活动中，通过教学理论与实际相结合，让学生体验不同标准下呈现的比较、排列与分类活动结果。另外，教师应该将学生体验作为教学过程重点。例如，针对不同类别的杯子进行分类教学时，教师可以通过鼓励教学法来激发学生的观察兴趣，让学生通过感知杯子内在或外在的特征，对杯子进行有效分类，最终使他们掌握不同标准下分类方法的多样性知识。

当然，教师同样需要在有关数据信息的收集、整理、描述和分析教学过程中，与学生的日常生活进行联系，这样可以让学生更加清晰地理解和判断数据信息。就低年级学生群体而言，他们会在分析同组数据信息时产生不同角度的看法或结论，这就要求教师需要掌握两点教学要求：一方面要适时鼓励学生用合适的方法解决各类问题，举例来说，在统计其他学生喜欢的动物和统计早高峰路口车流量时，学生就会用到不同的方法；另一方面，在要求学生收集数据内容之前，教师要考虑所收集的数据内容与学生实际生活的关联性。

最后，教师应该要求学生学会读懂基础的统计图表，要通过运用各种鼓励方法，促进学生与学生之间的互动交流，如学生之间相互提出问题并解答问题等。学生读懂统计图表才能对图表数据进行分析，进而能够体会统计图表中数据的重要性。

二、第二学段统计与概率

（一）第二学段统计

如果说第一学段教学重点内容是让学生体验数据收集、整理、描述和分析的过程，那么第二学段教学重点则应是让学生通过数据收集、整理、描述和分析过程，掌握简单的数据收集、整理、描述和分析的方法。在实际教学过程中，教师应该将教学理论与教学实践相结合，以此让学生能够更加容易地掌握统计方法。在教学实践活动环节，学生会逐步形成对数据收集、整理、描述和分析的感性认识，而在教学实践活动环节结束后，教师可以组织学生加入活动交流，相互借鉴、学习统计方法，从而更好地提升学习效率。

在收集数据之前，教师需要教授学生调查方法，适时鼓励学生结合生活实际问题参与调查表设计活动，之后再适当运用调查和测量、试验等方法来进行数据收集。要想科学运用调查方法，就应该学会设计调查表，这是因为调查表能够对调查材料的价值产生影响。设计调查表要遵循"明确调查目的—拟定调查问题—呈现调查结果"的流程。

调查可以有效获取数据信息，当然，报刊、电视等媒体也不例外。在实际教学过程中，教师需要鼓励学生积极利用报刊、电视等媒体，拓宽学生的学习方式。也就是说，培养学生获取数据信息的能力应成为教师开展统计教学的重点。当学生掌握获取数据信息的方法后，他们可以结合要研究的问题进行调查收集，这种具有专题性质的数据收集活动，能够进一步提高他们收集数据信息的意识。

本阶段还应该让学生认识更多的统计图形，比如条形统计图、扇形统计图、折线统计图，并能够根据自己的需要，选择条形统计图、折线统计图直观、有效地表示数据，但并不要求学生用扇形图表示数据。

本阶段不再要求学生同时掌握平均数、众数、中位数等，但平均数的概念是数据统计中最常用的概念，新标准中仍然对此有要求。在教学中，要引导学生真正理解平均数的实际意义。比如，一个同学语文成绩 100，数学 80，另一名同学语文 92，数学 94，哪个同学的平均成绩高？或一个人前三个月的工资分别为 5 000 元，2 000 元，7 000 元，另一个人的月平均工资是 4 500 元，谁的工资高？

在收集、整理数据并得出数据结果后，教师还应该要求学生学会从数据中得出判断和推论。另外，如果想要培养学生的分析能力，教师就需要指导学生对统计结果进行科学解释。例如，某年级的某个班级共有 20 名男生和 15 名女生，在 20 名男生中，又有 7 人喜欢乒乓球运动，5 人喜欢足球运动，6 人喜欢篮球运动，2 人喜欢羽毛球运动。从得出的数据统计结果可以看出，该班级男生喜欢乒乓球运动的人数最多，而据此可以判断，该班级适合开设乒乓球运动课程。当然，该班级男生喜欢羽毛球运动的人数最少，综合数据信息和教学实际可以判断，由于多数男生对羽毛球运动缺少兴趣，开设羽毛球运动课程可能会影响教学质量。学生身心发展特征存在一定差异，这会影响学生思考统计结果的方式或角度，故教师需要鼓励学生之间进行交流，提高学生数学思维表达能力。

（二）第二学段概率知识

在实际生活中，虽然我们经常会遇到各种充满未知特征的事物，但如果我们冷静分析就会发现，这些未知事物中往往蕴涵着内在的规律。探寻事物内在规律的有效手段就是试验，教授小学概率知识同样如此。例如，在小学数学课本中常见的"抛掷硬币"问题，根据大量的重复试验结果可以得出，硬币正面朝上和反面朝上的概率是相同的。因此，在实际教授小学概率知识过程中，教师应该将概率教学与日常生活现象相结合，要组织学生参加各种实践活动，激发学生试验活动心理，让他们养成多观察和多思考的意识，最终获得良好的学习体验。总之，理解并掌握概率事件存在的随机性特征后，学生才能更好地推断出概率事件的所有结果，从而进一步加深对概率知识的学习和认知记忆。

同时，在让学生了解可能性存在的基础上，还应当引导学生根据已知的一些条件，判断发现每种结果出现的可能性。比如，袋子里有 10 个球，8 个白的，2 个红的，摸一个球出来，学生应当能够根据袋子内白球和红球本身数量的不同，判断摸出白球的可能性与摸出红球的可能性有什么区别。

第五节　综合与实践领域的教学设计与实施

综合与实践学习活动，本质上是以问题为载体、由学生自主参与为主的过程。设计综合与实践教学目标，应重点考虑学生的应用意识和创新意识，要将问题情境与生活经验相结合，鼓励学生利用所学的数学知识积累数学活动经验，从而提高其独立思考、合作交流和自主设计解决问题的能力。在综合与实践教学领域，教师需要构建发现和提出问题、分析和解决问题的全过程教学体系，指导学生全面理解所学到的数学内容。

所谓"综合"，是指对知识的综合应用，也就是使数学各部分内容之间建立有机联系，并强化数学与其他学科之间的关联。所谓"实践"，是指学生将数学理论知识与日常实际现象相结合。

在实际综合应用数学知识过程中，一般会经历四个阶段：问题情境阶段、实践体验阶段、解决问题阶段、表达交流阶段。可以看出，该过程本质上是以解决问题为主，当学生学会综合应用数学知识解决问题后，他们就能逐渐形成并发展数学思维。因此，开展各种实践活动，可以有效提升学生综合应用数学知识的能力，进而更好地分析和解决生活实际问题。

一、第一学段综合与实践

（1）通过实践活动，获得初步的数学活动经验，感受数学在日常生活中的作用，能够运用所学的知识和方法解决简单问题。

（2）在实践活动中，明确要解决的问题和解决问题的办法。

（3）经历实践操作的过程，进一步理解所学的内容。

二、第二学段综合与实践

（1）经历有目的、有设计、有步骤、有合作的实践活动。

（2）结合实际情境，体验发现和提出问题、分析和解决问题的过程。

（3）在给定目标下，初步体验针对具体问题提出设计思路、制定简单的方案解决问题的过程。

（4）通过应用和反思，加深对所用知识和方法的理解，了解所学知识之间的联系，积累数学活动经验。

第六节　课堂练习多样化设计

教师组织学生加入课堂练习，需要积极树立引导思想，要通过强化学生的主体意识，激发学生融入数学课堂的学习心理，构建宽松的课堂学习环境。尊重学生在数学课堂中的主体地位，是发散学生数学思维的有效手段之一，能够促使学生形成良好的解题思路。因此，教师应该从全面认识课堂练习教学意义的角度出发，设计多样化的课堂练习模式。

一、要充分利用不同的练习组织形式

组织学生开展数学练习的形式比较多样化，但最常见的还是让学生学会独立练习。独立进行数学练习往往存在弊大于利的特征，这会降低学生参与数学练习的兴趣心理。为解决该问题，教师可以通过构建合作练习模式，或是两人一组，或是三人一组，在不增加练习内容难度的前提下，让学生互相之间进行合作检查和讨论，这样能有效提升数学练习效率，改善学生数学练习效果。如果教师想要增大练习内容难度，并设计多个复杂的数学练习题，那么小组合作人数就应适当增加（一般为4～5人），以此拓宽学生解题思路，提高解题效率。简单的数学问题，多数学生都能通过独立练习的方式来完成，教师也可从中检验学生的数学练习基础能力，为基础较为牢靠的学生设计较为复杂的练习内容，激发他们参与合作练习的学习心理，为其他学生提供"榜样"和"模仿"。

二、利用信息化资源，创新课堂练习形式

若小学数学课堂练习模式过于呆板，会让学生感到枯燥乏味，进而降低学生融入课堂学习的心理，限制学生数学练习思维的发展。将多元化的媒介融入数学课堂教学，形成立体化的数学信息资源，可以在一定程度上刺激学生的感官，拓宽学生数学的练习思路，优化学生的数学解题技巧。在信息技术与小学角度深度融合的背景下，教师更应该强化信息化媒介素养，创新小学数学课堂练习形式。

小学数学教师可以在课堂基础练习中融入信息化资源，如在教学"认识图形"内容之前，应注意课件中动画模型存在的作用，可以通过丰富动画模型的形式，为学生展示多样化的立体图形，以此加深学生对数学几何图形的视觉形象记忆；之后再融入图文视频资源，将立体图形与生活实际事物相结合，通过展示衣柜、电视、垃圾桶等图片，开展形象化、生动化的立体图形信息教学；最后就是利用信息化资源进行课堂练习，随机展示多元立体图形的形式，要求学生进行小组合作练习，共同讨论多元立体图形是由哪几种立体图形组成。这种信息化课堂练习形式，一方面能够发散学生数学思维，另一方面则能够带动数学课堂教学质量的提升。

教师可以利用信息化资源，开展小组实操训练。在学习"数据的收集与整理"这一内容时，教师可以搜集相关的信息化资源，给出多个主题的具体数据，如小学生的身高与体重数据、校园运动会参赛人数数据、小学生使用手机时长数据等，进而要求学生自由分组，选择感兴趣的主题，开展全面的

数据统计、分类与整理。教师要指导学生找准切入点，制定科学的数据划分标准，并要求学生分析数据之间的联系与规律，鼓励各个小组汇报课堂训练的成果。最后，教师要进行梳理、总结，并归纳、整理数据的技巧与方法。这样的作业有利于促进学生之间的交流协作，指导学生灵活应用数学学科技巧开展动手实践，可以在无形中培养学生的实操技能。

教师可以利用信息化资源，开展课堂阅读训练。在设计单元课程内容教学方案时，小学数学教师需收集与此相关的数学文化知识，并附加相关的课堂问答练习内容。趣味化的数学课堂训练教学，可以有效增强学生探究心理，引导学生快速进入数学课堂。例如，在教授苏教版小学数学五年级下册"圆"这一单元课程时，教师应该在教学方案中补充与"圆"相关的数学文化知识，可以从圆周率的发明及发展过程入手，分别向学生介绍阿基米德、刘徽、祖冲之的圆周率计算方法。在组织学生进行课堂阅读之前，教师应先向学生抛出思考问题，包括"圆周率的特点"等，让学生带着问题去阅读，然后再以递进式的提问方式，进一步调动学生的探究心理，逐步拓宽和发散学生的数学思维。

三、开展分层课堂练习，加强教学指导

我国目前仍较为注重应试教育理念，这也导致小学数学课堂教学模式较为呆板，课堂练习形式缺乏创新，未能充分尊重学生主体地位，最终只会影响学生的探究学习心理和发散性思维，降低学生融入数学课堂学习的积极性，小组合作讨论练习的程度也会明显存在不足，学生之间的数学能力差异会逐渐加大。因此，小学数学教师需要改变传统的数学课堂练习模式，推动班级数学水平的整体发展。

比起统一化的课堂练习模式，分层教学法更加具有针对性，能满足学生多元化的学习需求。与此同时，分层教学法有利于活跃课堂气氛、拉近师生距离、构建平等的师生关系、提升小学数学课堂练习的有效性。因此教师应正确认识分层教学的优势，合理把握应用尺度，并设计开放式的小学数学课堂练习。

首先，教师需要分层次设定数学练习目标。如果布置复杂的数学练习内容，会限制学生的数学探究思维，不利于激发学生在课堂上的学习心理。但

是，如果布置过于简单的数学练习内容，同样不利于推动学生数学能力的发展。为此，小学数学教师需要分层设定练习目标。在基础阶段，教师要以巩固学生数学练习基础为目标，要求学生掌握各种数学解题模板；在中间阶段，教师要帮助学生构建数学练习思维体系，要求学生灵活运用解题模板，拓宽解题思路；在强化阶段，教师要以发散学生数学思维为目标，帮助学生掌握数学练习的技巧和方法。简单来说，小学数学教师在设定分层次数学练习目标时，要坚持循序渐进的原则，先要让学生打好数学练习"地基"，然后再逐步构建和发展数学练习思维。

其次，教师需要在每一层次练习目标中设置多样化的练习内容，并组织开展各种形式的合作练习活动。例如，在教学"四则混合运算"内容过程中，小学数学教师应该先从课本例题入手，让学生掌握分析演算的过程和解题思路，然后再按照教学要求布置合作练习任务。由于每组学生的数学学习水平存在差异，教师需要保证布置的合作练习任务具有统一性。小组合作练习是形成多元化解题方法的有效方式，学生可以通过合作讨论得出四则混合运算的解题思维。为提高小组合作练习的效率，教师可以在组织开展合作练习之前，要求每位学生做好例题分析的解题步骤笔记，这样在进行小组合作练习时，每位学生可以有效发散数学解题思维，形成多样化的数学解题思路。当然，教师需要充分关注学生之间存在的数学能力差异，对数学学习能力较弱的学生要耐心指导，积极鼓励他们加入小组合作讨论练习，并对他们的数学解题思路进行优化改善。四则混合运算应用题应呈现多层次特点，教师可以鼓励优等生练习较为复杂的运算应用题，同时积极指导后进生对基础的四则运算题型进行练习。

第七节　适合小学生的课堂游戏

爱玩是孩子们的天性，而游戏就是在快乐中学会某种本领的活动。同样，游戏在小学数学课堂中具有举足轻重的作用，唤醒学生的最好方法就是向他们提供有吸引力的数学游戏。数学游戏就是指能够满足一定数学教育目的的活动，它能激发学生学习数学的积极性、主动性和创造性，帮助他们获取有关数学的经验与体验，并培养学生的数学思维品质。

一、激发兴趣的数学游戏

随着教育改革的不断深入发展，游戏教学在教育教学活动中日渐成熟，它不仅能激发学生学习的积极主动性，而且能提升学生学习兴趣。小学阶段，学生在课堂上的学习注意力往往较低，即通常所说的无意注意。兴趣是影响无意注意的主要因素，教师可以通过增设各种数学游戏吸引学生的注意力，进而综合带动学生的视觉、听觉等多种感官，帮助学生合理分配有意注意和无意注意。

比如，三年级下的计算教学中，学生对加、减、乘、除四则混合运算方法有了一定程度的掌握。为了提升其计算能力，同时激发学生的学习兴趣，教师安排了"24 点"的计算游戏。

教师："同学们，我们已经学会了加、减、乘、除，以及添加小括号的计算方法。想不想玩计算游戏？这个游戏就是用你们最喜欢的扑克牌来当道具。听清老师要求，等会儿小组里比比哪个同学最快获胜。"

"24 点"游戏就是用 4 张扑克牌运用加、减、乘、除、添括号等方法计算出结果是 24 的算式，但每张牌的点数必须而且只能使用一次。一副扑克牌中的 52 张数字牌（抽去大王、小王），洗牌后四人一小组，每人得到 13 张牌。

若想将桌面上的 4 张牌归为己有，则需率先推算出正确算式。部分学生为抢先获得 4 张牌，会不顾算式结果正确与否，往往会因为计算错误而额外丢失 2 张牌，其余 3 人便会每人从桌面上免费得到 2 张牌。之后是继续出牌阶段。

如果出示的 4 个数确实无法计算得出 24（如 1、1、1、1 等），那么各人拿回自己所出的牌，重新出牌。

游戏进行到有 1 人手中无牌时结束。这时看谁的牌多，谁就获胜。

"24 点"游戏具有寓教于乐的特征，能够引导学生积极参与计算试题活动，有助于为学生构建宽松愉悦的数学课堂氛围，是符合小学生身心学习发展特点的一种教学模式。该游戏一般会在早读或自习课、课间时进行，在放松学习压力的同时，又能很好地巩固学生的计算基础能力。另外，通过进行"24 点"游戏，小学生的数感意识也会得到培养。所谓"数感"，即学生对数的感知能力，如果学生的数感意识能够不断增强和进一步巩固，那么学生就会在做作业或考试计算过程中降低错误率，尤其是看错数的情况。

在一整套扑克牌中随机抽取 4 个数，就是"24 点"游戏，学生需要灵活运用计算方法，保证最终计算出的结果是 24。在该游戏活动中，通常会出现类似情况：率先提出试题解答过程的学生，往往会被第二个及第三个学生效仿和补充，这时其余的学生便会形成新的试题解题思路，由此学生的学习探究心理就会被激发，课堂的合作学习氛围会逐渐增强。可以说，该游戏活动能够为发散学生数学思维提供有效保证，有助于培养学生勤于思考问题的习惯，并让他们从他人解题思路中汲取和总结个人的解题技巧，拓宽解题方法空间。因此，这些数字游戏可以与数学课堂练习相融合。

二、感悟体验的数学游戏

数学学习中的体验是指学生个体在数学活动中，通过行为、认知和情感的参与，获得对数学事实与经验的理性认知和情感态度。数学游戏能使学生真正参与到发现的过程中，并主动地探索知识。数学课本上的数学知识一般来说总是展示最终的规律，用比较简洁的语言或者公式展现最终的结论，而将如何得到的过程略去，这样就会使数学显得抽象。而数学游戏可以让学生充分发现和经历其中的思维活动，从而更好地掌握和运用所学到的知识。

如在三年级的"多连块"学习中，教师可以通过拼搭游戏来培养学生自主学习的能力。

师：四连块要升级了，增加一个正方形，就变成了（五连块）。那五连块有多少种不同的形状呢？根据刚才拼搭四连块的经验，想一想你们有几种方法可以来找到所有的五连块？（按层分、添加一块）

师：这两种方法都可以搭成五连块。那么，下面我们就进行小组合作，先确定选择哪种方法，看看五连块有多少种不同的形状。

（教师为学生提供了很多的小正方形学具以及所有形状的四连块）

学生交流。

生1：我是按层分的。

一层　

二层　

三层　

板书：分层1.2.3

······

生2：我是在已有的四连块基础上增加一块。

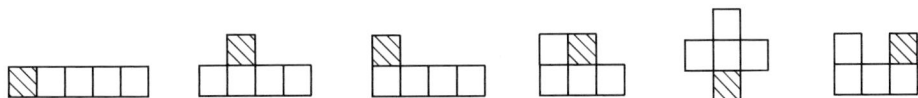

学生在拼搭四连块的时候已经探讨了拼搭的方法有分层和添加，所以在拼搭五连块时，他们已经能自主选择自己喜欢的方法去继续探究五连块的形状，并能运用已有的经验，筛选和排除相同的形状。数学游戏能使学生真正参与到发现的过程中，主动地探索知识。

猜测、观察、尝试、交流和归纳等活动对学生形成空间观念是必不可少的。数学游戏穿插于整节课的教学过程中。学生在操作过程中，其听觉、视觉、触觉等多种感官共同参与，强化了体验的过程，从而使得空间观念得以形成和巩固。

三、提升思维的数学游戏

数学教育家斯托利亚尔指出：数学教学是数学思维活动的教学，而不仅仅是数学活动的结果。数学教学过程中的一个重要的任务就是培养学生的思维能力。数学游戏不仅能起到娱乐的作用，更能发挥出孩子们思维展现的功能。数学游戏能培养学生缜密的思维和全面思考问题的品质，还能够进一步发展学生的创造性思维。

例如，在教学五年级"体积与容积"一课中，教师设计了这样的游戏环节：让学生通过不同的方法计算出不规则形状的土豆的体积。

教师首先演示了教材中提供的最简单的一种方法——水位上升的方法，测量体积也是用最简单的量杯进行测量，只要读出刻度就能知道物体的体积。

师：但是在生活中，测量不规则物体不仅仅只有这一种方法，同学们仔细思考，动手试一试，利用老师提供的工具进行测量，比一比，看哪一组想到的方法又多又巧妙。（老师为学生提供了土豆、橡皮泥、不同的器皿等材料）

学生们以小组为单位动手测量计算，想到了以下几种不同的方法。

生 1：取一个没有刻度的长方体容器，测量出它的长宽高，算出它的容积。然后将土豆放入，再放满水，将土豆拿出，再测量水的高度，算出水的体积，二者相减，算出土豆的体积。

生 2：取一个没有刻度的长方体容器，先测量出它的长宽。然后放入一些水，测出水的高度。再将土豆放入，测出现在水的高度。用长方体容器的底面积乘以水增加的高度，就是土豆的体积。

生 3：取一个大碗和一个脸盆，将碗装满水后放在脸盆里。再把土豆放入碗中，水溢出，将溢出的水倒入有刻度的量杯中，读出刻度，就是土豆的体积。

生 4：将土豆切成近似的长方体，测量出它的长宽高，计算出它的体积。

生 5：用橡皮泥捏出与土豆近似的形状，然后将这块橡皮泥再捏成长方体或正方体，测量出长宽高，计算出土豆的体积。

数学游戏架起了实现生活与数学学习之间、具体问题与抽象概念之间联系的桥梁。数学游戏有益于学生发散性和创造性思维的培养。作为数学教师，我们经常会鼓励学生用不同的方法、不同的思路去解决问题，而数学游戏正是为学生提供了这样的机会，使学生在已有知识经验的支持下，自主能动地进行探索，实现数学的再创造，这提升了学生思维品质。

总之，教师在教学中可以适时开发学生喜闻乐见的游戏资源，让学生动手、动口、动脑，多种感官参与到游戏活动所创设的最佳情境中，最大限度地发挥学生的潜能。这样，将数学学习设计成一件件宝贵而诱人的礼物，让学生在快乐的游戏中进行数学学习，让学生喜爱数学、会学数学、智学数学，进而体验数学学习的成功！

第六章　小学数学教学评价研究

本章主要内容为小学数学教学评价研究，分别论述了小学数学教学评价简要分析、小学数学教学评价的主要问题、小学数学教学评价的基本理念以及小学数学教学评价的基本方法。

第一节　小学数学教学评价简要分析

教师应将课堂教学作为整个教学工作的重点，要通过课堂教学逐步培养学生获取知识、增加技巧、发展智力的能力，帮助学生构建基础牢固的数学思维体系，形成良好的课堂学习态度和价值观。课堂教学评价体系是评价教师课堂教学水平的基础。要构建小学数学教学评价体系，并以新课程标准为前提，对小学数学教师课堂教学过程和效果进行重点评价，不断深化教师课堂教学活动质量。

一、小学数学教学评价的对象

小学数学教学评价对象应面向全体学生。当然，小学数学教学评价也应重点关注教师教学评价。

（一）小学生数学学习评价

小学生数学学习评价应包括以下四个方面。

（1）基础知识和基本技能的评价——主要包括数学概念、法则、过程、计算方法、解决简单问题的数学活动经验等。

（2）数学思考的评价——主要包括数感、符号意识、空间观念、几何直观、数据分析观念、运算能力、形象思维能力、抽象思维能力、合情推理和演绎推理能力、表达能力、独立思考能力等。

（3）问题解决的评价——主要包括具备发现并提出问题的素养、学会分析和解决问题的素养、能够进行创新和实践、形成解决问题的基本思路、积极参与合作交流、主动进行自我评价与反思等。

（4）情感态度的评价——主要包括是否能够认真完成学习活动以及能否养成良好的学习习惯、培养个人学习兴趣心理、追求实事求是的学习态度等。

（二）小学数学课堂教学评价

小学数学课堂教学评价的出发点是促进学生和教师的发展，并通过多种评价方式，获得真实的评价信息。评价的目标主要包括：

（1）教学目标是否符合要求，是否明确、具体、具有可操作性和可测性，是否体现以学生为中心，是否关注学生的发展。

（2）教学内容是否符合要求，是否围绕教学目标选取，是否适合学生的承受力和发展需求。

（3）教学方法是否恰当合理，是否能提高教学效率和学生学习兴趣。

（4）学生的参与度与参与面是否足够深广。

二、小学数学教学评价的作用

科学合理的课堂教学评价体系具有诊断评价、反馈评价、导向评价和激励评价、调控评价等功能。因此，在小学数学教学课堂教学评价体系中，我们可以探索总结小学数学教学规律，提升数学课堂教学质量。

（一）诊断教学过程

诊断教学过程在小学数学课堂教学评价中居于首要位置。评价是分析影响课堂教学质量的关键性指标。主要内容包括能否引导学生积极加入课堂合作交流中来；教学策略是否适合学生学习特点和激起学生学习兴趣；能否充分发挥学生的主观学习心理和增进教师与学生、学生与学生之间的互动性；是否有利于学生有效地获取数学知识，促进学生更好地理解和运用数学知识解答实际问题；能否从诊断课堂教学过程和结果中获得教学反思；能否帮助学生建构终身学习思维；等等。另外，在诊断小学数学课堂教学评价时，教师还需关注课堂中学生所获得的情感体验，满足学生学习需求。

（二）改进教学工作

开展小学数学课堂教学评价，是为改进小学数学教学工作做准备。在实际的课堂教学评价过程中，小学数学教师可以从中分析课堂教学过程存在的不足之处，可以总结适合学生学习的课堂教学策略，从而达到优化数学课堂教学质量、改进数学课堂教学工作的目的。具体来看，当小学数学教师发现课堂教学过程存在重视成绩导向的问题时，就应该积极主动纠正此种认知偏差，做到既重视学生学习过程，又重视学生学习结果，要通过设定和改进课堂教学目标，对课堂具体教学环节或片段进行整理或评定。这种方式能够帮助学生积极参与数学课堂合作交流活动，并强化数学解题思维。

（三）提高教学效率

提高教学效率是开展课堂教学评价的根本目的。课堂教学是提高教学质量的主要阵地，课堂教学效率的高低，直接影响整个教学质量的提高。在评价中我们就可以从教学目标的适合程度、教学策略的优化水平、教学时间的有效利用等方面衡量小学数学课堂教学的效率和质量。

第二节　小学数学教学评价的主要问题

一、评价内涵重教轻学

制定教育评价，需要遵循一定的教育目标及标准，需要详细测量和分析教育工作质量，据此判断教育效果实际价值。如果将评价概念延伸，我们就会得出测量和测验两种标准。其中，测量要求遵循一定的法则，以数字的形式将事物属性表达出来；测验则是测量的辅助手段。由测量得出的数据结果涵盖各方面的数字资料，但这并不能直接反映某些事物特性的内在价值。因此，我们需要借助评价手段来权衡测量数据的意义，这样才能体现测量真正的价值。由此可见，评价与测量存在相互依托的关系，即测量能够为开展评价提供必要的手段支持，评价能够反映测量的结果。

制定课堂教学评价，同样需要遵循相应的课堂教学目标及标准，从而详细测量和分析课堂教学质量，据此判断课堂教学效果实际价值。

传统的课堂教学评价归属于教师评价部分，重点关注的是教师在课堂中发挥的作用或体现的价值，如教师能否有效组织语言进行教学、设计的板书或教学方案是否具有针对性、能否充分在课堂教学中投入情感、是否拥有清晰的课堂教学思路、能否设计逻辑结构合理的思维导图等。但应该明确的是，评价教师课堂教学效果，并非是从教师主体角度出发的，我们应看到学生在评价教师课堂教学过程及结果中的作用。

简单来说，课堂教学评价不能将教师的教置于主体地位，这样只会减缓课堂教学质量提升的速度。同时，如果不能充分尊重学生的学在课堂教学评价中的作用，那么同样会影响学生的学习主动性，进而导致部分学生不能充分学习和掌握课堂知识点，降低学生参与课堂交流的意愿。

二、评价内容、标准和指标单一

评价内容以知识、技能为主，忽视情感、态度和价值观；评价标准强调共性，忽视个性差异和个性化发展的价值；评价指标以学业成绩为主，忽视综合素质的评价。

首先，小学数学课堂教学评价内容仍以数学理论知识为主，对学生数学知识应用能力、解题思维拓展能力及学科情感态度等缺乏系统的评价导向或标准。而针对小学数学基础内容部分的评价，往往也具有较为模式化的标准，典型的问题就是考题或习题内容脱离学生日常实际生活。例如，在某小学六年级数学课本上出现的一道习题：一辆轮船的柴油量只能航行 6 小时，顺风速度为 3 千米/小时，逆风速度为顺风时速度的 4/5，问轮船航行出多远就要往回驶？针对教师提出的问题，学生们在课堂上的回答却与问题原意相偏离，有的学生认为这样的轮船根本就不能使用，因为柴油不够就不能出航，有的学生甚至认为这样的轮船纯粹是没事找事。诸如此类的题型设置与回答思路还有很多，如将一根高 10 米的树木分段锯开，每 2 米为一段，一共能分成几段？答案是：$10 \div 2 = 5$。有的学生却提出质疑，认为这样简单的问题不应该出现在小学六年级的课本上，而是应该出现在一年级或二年级课本中。

其次，评价标准强调共性划一，忽视个性差异和个性化发展的价值。评价指标以学业成绩为主，忽视综合素质的评价，必然会导致人们对考试成绩的过分关注，容易使师生陷入"题海战术"而不能自拔，教师忙于猜题、出题，无暇顾及学生学习的提高；学生要应付习题、考题，无暇发展兴趣、爱好、特长，使部分学生走入了"高分低能"的怪圈。

小学教育是基础教育，尤其不能只顾眼前利益，而应该更注重他们的可持续发展的后劲。那种急功近利、为了在考试中获得期望的成绩而不惜以牺牲儿童其他方面的发展为代价的做法是不可取的。

三、评价方法重视量的评价，忽视质的评价

笔试考试既是应试教育的典型代表，又是一种量化评价方法。这就表明，量化评价方法能够与应试教育相适应。在小学各个学科考试中，学生的笔试成绩分数往往会被学生本人、家长和教师所重视，甚至有时会成为班级、学校评优的指标，如班级评选"三好学生""优秀学生干部""先进班集体"、教师评选"工作业绩""年终考核""专业技术职称""课时津贴"等。由此可知，学生笔试学习成绩与师生、学校、家庭的前途命运挂钩的现象已经呈普遍趋势，因此会形成"一考定终身"的局面，最终影响学生综合素养的发展。综合来看，量的评价方法会对课堂教学过程及结果产生局限性影响，多数小学年级学生为提高笔试成绩，不惜苦练"题海战术"，这样反而会加重学生的学习负担、增加学生的升学压力。对学校和教师而言，应该重点关注学生的成长需求，全面兼顾量的评价与质的评价，综合权衡学生的身心发展素养。

四、评价主体重他人的评价，轻自评和互评

小学数学教学评价同样存在重视他人评价的问题，而自我评价则处在被忽略的地位，同时也尚未系统构建有效的多元评价体系。一般而言，教师主要是对学生进行评价，而学校则是对教师进行评价，各级教育主管部门则是对各级学校进行评价，这样评价体系存在一定的模式化弊端，即缺乏主动性和积极性。在他人评价中，"唯笔试分数论"仍然占据主流，教师评价学生主要参考笔试总成绩，学校评价教师同样是参考班级全部学生的总成绩，各

级教育主管部门则是通过参考学校考试成绩，对学校进行评价。从中可以看出，他人评价往往会增加被评价者的心理压力，评价者与被评价者之间的互动关系会逐渐失衡，成为单纯的管理者与被管理者。被评价者只能以被动方式接受来自他人的评价，最终在被管理中失去自我主体意识，缺乏对学习的创造性和积极性。

五、评价重心偏重结果忽视过程

小学数学教学评价往往重视教师的教学结果及学生的学习结果，对教师的教学过程及学生的学习过程则没有形成过程性评价，这会对课堂质量产生一定影响。

小学数学课堂教学评价中存在的重视结果问题，集中反映为教师对学生习题或考题结果的关注，即教师多数情况下会根据学生做题正确与否这一结果进行讲解，尚未全面兼顾学生的解题思维过程。部分教师有时还会要求学生快速得出结果，如在某节课程中，教师向二年级学生提出"20克有多重"的数学问题，部分学生即刻回答"不知道"，于是教师便指出"20克相当于20个硬币"的答案。虽然教师向学生回答了"20克有多重"的问题，但这只是教师自我提问和自我回答的表现，学生没有经过系统的思考过程，教师也没有试图引导学生建立数学逻辑思维联系，这种重视结果的评价方式往往会忽略学生的自我主体意识，影响数学课堂教学效果。

第三节　小学数学教学评价的基本理念

一、多元化评价

在传统的小学数学教学评价中，单向性教学评价占据主流，即教师评价学生、学校评价教师，这样会使被评价者置于被打的地位。教师评价学生学习能力主要是以纸笔测验为主，这种评测方法可以有效检测学生的"双基"，包括学生分析问题、解决问题的能力、空间想象能力，以及计算能力等，对于学生的其他能力（比如发现问题、提出问题的能力、合情推理的能力等）以及学生学习数学的情感态度等方面的评价没有顾及。其评价目的在于甄别和选拔。这种单向的、单调的评价方式，既不利于学生的发展，也不利于教师的成长。因此，要进行多元化的评价。

小学数学教学评价的多元化包括：

（1）评价主体的多元化，指将教师评价、自我评价、学生评价、家长和社区评价结合起来；

（2）评价方式的多元化，指量化评价与质性评价相结合、书面与口头相结合、课内与课外相结合、结果与过程相结合等；

（3）评价内容的多元化，指知识技能、数学思考、问题解决、情感态度以及身心素质等内容的评价；

（4）评价目标的多元化，指对不同学生有不同的评价标准。

针对学生的多元化评价应以促进学生持续、和谐、健康、全面发展为目的。

针对教师的多元化评价应以促成教师专业成长为目的。

二、发展性评价

现代教学评价具有促进教师的"教"与学生的"学"的功能，而由形成性评价衍生而来的发展性教学评价，更是将促进人的全面发展作为主要目标，将提升人的人格素养和智力水平作为评价的根本目的。发展性教学评价重在强调评价、课程与教学这三种要素的结合。

发展性学生评价，重点关注评价对促进学生全面发展的作用，是一种学生评价理念或者体系。构建和实施发展性学生评价，应该先明确培养目标，然后据此制定结构清晰的阶段性发展目标。总的来说，发展性评价能够对发展过程和发展的全面性进行科学分析，评价方法也更具有多元化特征，是真正能够体现学生为本的评价理念。

发展性教师评价蕴含的评价理念有如下几点：第一，发展性教师评价本质是为教师专业发展服务的，更多的是将教师作为评价主体，并提倡教师形成民主参与和自我反思意识；第二，发展性教师评价尊重教师之间的差异性，具有评价主体多元化的特点。

发展性学生评价的根本目的是促进学生的全面发展，这里的全面发展包括学生的知识技能、数学思维、情感态度等。其中，在对学生知识技能进行评价时，传统的评价较为关注学生对数学概念、定理及公式的理解与运用，另外还包括对学生数学基础知识与基本技能的掌握程度，如针对不同类型或套路总结的解题技巧等；发展性学生评价则较为关注学生具备的数学综合素养，涵盖学生数学学习过程和数学技能知识等方面。从二者的比较可以看出，传统的评价以单一的数学笔试成绩作为指标，但数学笔试成绩不能反映学生数学学习过程；发展性学生评价兼顾学生的数学学习过程和结果，尤其是能够对学生数学学习思维进行重点分析。针对学生对数学问题的解决能力进行评价时，传统评价主要通过分析问题和解决问题两方面考量学生数学能力，而发展性学生评价则是通过发现问题、提出问题和分析问题、解决问题这四个方面进行考量，同时还会关注学生的创新意识、合作交流素养及自我评价反思意识等。在评价学生对数学的情感态度过程中，传统评价则较为忽略对这一方面的评价，而发展性学生评价则会以多样化数学教学活动的方式激发学生学习数学的兴趣，关注学生心理。

三、过程性评价

所谓过程性评价，是指针对课程实施过程中的"教"与"学"进行的评价。其中，对学生学习的过程性评价主要包括：前期的学习准备、中期的学习反思和后期的学习结果。需要注意的是，学习过程与学习结果应被视为一个统一的整体。可见，过程性评价是对目标、过程和结果的整体性评价。

数学学科具有一定的特殊性，开展数学过程性评价应从如下四方面进行考虑。

（1）学生参与数学活动程度的评价。学生参与数学活动的程度，主要通过学生积极参与、主动参与和有效参与等方面反映出来，开展过程性评价时要记录好调查报告数据资料。

（2）合作交流的意识与能力的评价。评价内容包括：学生能否在教师提出问题后主动加入小组合作交流中来；能否明确小组合作交流的重要性或存在价值；是否会主动选择与组内学生进行交流互动，并在交流互动过程中形成清晰的逻辑思维和流畅的语言表述；能否在小组合作讨论交流中扮演组织者或调节者的角色，进而推动全组成员交流意愿。

（3）数学思维与发展水平的评价。具体来看，评价学生数学思维要从学生形成数学思维的过程出发，关注学生能否以积极主动的独立思考态度去解决数学问题，并从中分析和梳理学生形成的数学思维意识、数学思维能力和数学思维方法等。针对学生数学思维和发展水平进行评价时，教师可以在课堂中做好观察记录，并通过课堂提问和设置小组合作交流、布置课外作业等形式了解学生的数学思维，从中评价学生数学思维的独立性、灵活性、广阔性和创造性。在评价学生数学思维和发展水平过程中，教师可以掌握学生分析问题和解决问题的能力，以及学生对整个学习过程的自我评价与反馈能力。

（4）对学生情感与态度的评价。除对学生智力因素进行过程性评价之外，教师还需对学生非智力因素进行评价。这里的非智力因素即学生的情感与态度，这一因素会对学生的学习行为产生决定性影响。情感态度、知识技能、数学思考与问题解决，共同构成过程性评价。为发挥过程性评价的功能作用，教师不能忽略对学生情感与态度的过程进行的评价，可以通过各种数学练习活动对学生的数学情感与态度进行观察，记录总结其中的变化。

第四节　小学数学教学评价的基本方法

一、小学数学课堂教学评价的基本方法

评价方法或策略能为实现评价目的提供必要的支持。数学课堂教学评价方法主要包括观察法、访谈法、测验法、问卷调查法和表现性评定等。下面就对前两种方法进行详细介绍。

（一）观察法

数学课堂观察评价法具有较强的实用特征，方便小学数学教师在课堂中进行实际操作，也方便教师对数学课堂教学效果进行评价和研究。

1. 观察法的含义及特点

课堂观察是研究课堂教学现象的一种方法，与一般意义上的观察存在区

别，它具有科学实用性特征。具体来讲，课堂观察是指研究者或观察者带着明确的目的，凭借自身感官（如眼、耳等）及有关辅助工具（观察表、录音录像设备等），直接或间接（主要是直接）地从课堂情境中收集资料，并依据资料做相应研究的一种科学研究方法[①]。

观察法的独特之处在于，它能够随时随地进行操作实施。在某一场景或情境中，评价者可根据事件发生过程分析推断过程现象。例如，在对数学课堂教学情境进行观察时，教师可随时观察学生的学习态度、爱好、兴趣或参与程度。与其他评价方法相比，运用观察法能够直接从事件发生过程中把握现象或规律，虽然最终获得的结果达标程度可能不太理想，但是它往往能作为第一手资料而使用。

还有一点，即观察法操作实施简单灵活，可以在相对较短的时间内获得较多的评价资料。总的来说，课堂观察仍需做好精心设计和实施步骤工作，课堂观察设计工作较为简单，并且拥有较为灵活的研究过程。

但是，观察法有利就有弊。例如，观察法具有较强的主体倾向，评价者对被评价者产生的某种认知偏见，或者是"先入为主""以偏概全"的思想理念，都会产生具有主观臆想的结论，最终对评价过程及评价结果产生不利影响。另外，在操作实施观察法过程中，评价者的情绪、态度、水平、洞察力和鉴别力等因素，同样会对观察效果产生直接影响。

2. 课堂观察的基本步骤

课堂观察又可以分为多个类别，由此产生不同的运作过程。但是，各个课堂观察会有相同的程序。综合而言，课堂观察会经历三个阶段，分别是观察前、观察中和观察后。以下是每个阶段的具体步骤。

（1）课堂观察前准备——确定观察的目的和规划

课堂观察有着明确的研究目的。对观察者而言，只有在明确观察目的之后，才能有效收集观察资料，从而确保整个观察过程符合前期观察主题。课堂情境是由众多要素组合而成的，这就需要观察者做好观察目的规划和选择好观察焦点，以此提高整个观察行动的效率。在课堂观察前，观察者一定要注意两个要素：观察目的和观察规划。

---

① 马云鹏. 数学教育测量与评价［M］. 北京：北京师范大学出版社，2009.

观察规划是指从确定观察时间、地点和次数等方面出发；观察目的是确定观察焦点的主要依据。在确定观察焦点时，观察者应该认真做好记录事件和观察行为工作。课堂观察方法不能适用于每个课堂环节，需要观察者以观察目的为出发点，明确观察核心，然后再围绕该核心去收集观察资料，提高观察效率。例如，如果想评价小学数学教师课堂互动行为，那么就需要将教师互动策略或方法作为观察核心。

进行课堂观察前，观察者要做好观察规划，还应该从选择观察记录方式或工具方面出发。当然，这必须要符合观察目的和背景。观察表是一种较为实效的观察记录方式或工具，要使用自行设计的观察表或他人提供的观察表，选择合适的观察记录方法，做好收集观察资料工作。

综合而言，在课堂观察过程中，观察者需要适时调整观察记录方式，以此做到全面收集课堂观察资料。

另外，做好课堂观察前准备工作，还应包含观察标准。观察标准是对观察行为的价值判断，确定观察标准的过程，是需要经过科学和权威认可的。确定观察标准的意义，在于该标准能够为观察过程提供指导，并为分析观察资料提供帮助。例如，对小学数学教师课堂教学质量进行评价时，需要遵循已确定的课堂观察标准，然后再分析和观察教师行为。

（2）课堂观察——进入课堂及记录资料

在实施课堂观察过程中，观察者需要预先进入课堂，然后在课堂观察规划和目的的指导下，利用已确定的课堂观察记录方法收集资料信息。

为保证实施课堂观察的效率和质量，观察者应该在教师正式进行课堂教学前进入课堂，避免影响教师在课堂中的真实教学状态，以及学生在课堂中的专注度，最终获得真实的课堂观察资料。但是，观察者要想进入课堂进行观察，就需要取得被观察者的同意。

观察者在进入课堂情境后，需要根据已有的课堂观察记录方式，对课堂观察对象进行观察和记录。不同的课堂记录方式，会影响观察者在课堂观察过程中的行为表现。通常来说，记录方式主要包含定性和定量，定性观察记录方式包括描述体系、叙述体系、图式记录、工艺学记录；定量观察记录方式包括编码体系、记号体系或项目清单、等级量表。例如，要想观察小学数学教师课堂互动行为，就需要使用定量观察记录方式。

3. 课堂观察后资料的分析与结果的呈现

在课堂观察结束阶段，观察者需要对已收集的课堂观察资料进行及时整理和分析，避免出现资料信息遗漏现象。课堂观察中获得的定性资料和定量资料，能够很好地揭示教师课堂的各种教学行为。在整理和分析完成课堂观察资料后，观察者可以从中得出相关的研究结论。

4. 课堂观察需要注意的问题

（1）要注意课堂观察的伦理

从课堂观察性质来看，它是具有实际发生意义的研究活动，并以课堂教学主体为研究对象；从课堂观察方法来看，观察者的课堂观察行为，会对被观察者本身和课堂情境产生干预影响。为此，观察者必须开辟公开协商的观察途径，在与被评价者建立信任关系后，才可以正式进入课堂观察环节，这应成为观察者遵循的基本伦理。具体来说，课堂观察伦理主要包括：开诚布公、尊重隐私、尊重选择、避免危及他人心理、告知结果等。

（2）必须掌握相应的观察工具及其使用技巧

正式进入课堂观察之前，观察者会根据观察焦点选择观察记录方式或观察工具，如结构性课堂记录表、课堂评价等级量表、课堂观察纲要、课堂观察辅助记录工具等。不管是何种观察记录方式或工具，观察者需要提前掌握相关使用技巧、相关原则或标准，保证课堂观察记录的质量。

（3）要尽量克服自身的偏见

课堂观察过程难免会出现主观倾向等现象。课堂观察主要是对课堂情境进行的一种客观描述，但是由于课堂观察主体素养存在差异，对同种课堂情境的描述也就存在区别。在进行课堂观察时，观察者需要尽量避免出现主观偏见，要对影响观察的误差来源进行提前分析。观察者的主体素养主要包括：个人受教育程度、观察经验、观察价值取向、观察者主体兴趣等。

（二）访谈法

1. 访谈法的含义和特点

访谈法是建立在评价者与被评价者面对面交流的基础上的，它是搜集被评价者资料和情况的过程。课堂教学评价中用到的访谈法，多出现在课堂结束阶段的讨论环节。访谈的目的是获取被评价者的信息反馈，并与被评价者建立双向沟通渠道，从而有效地传递评价信息。访谈法能够让被评价者做到开诚布公，并提高被评价者参与评价过程的心理兴趣。如果评价者能在访谈过程中认真倾听被评价者的话语，对被评价者的表述进行鼓励和支持，那么就能与被评价者建立良好的访谈关系，增强被评价者对评价者的信任感，这能为改进课堂教学工作提供支持。

相较于其他课堂评价研究方法，访谈法的优点主要有以下几点。

（1）可以提高被评价者的回答意愿。访谈实质上就是双方的面对面交流，在多数情况下，评价者都能获得被评价者的真实想法。

（2）访谈过程不受约束或限制。访谈时，评价者会根据被评价者的行为表现、现场情境的变化等，调整访谈内容或方法，如强调访谈重点、对访谈问题进行补充说明等。这种访谈方式能够提高评价环节的效率。

（3）能够与被评价者建立良好的合作关系。访谈过程是双方面对面开诚布公交流的过程，评价者利用访谈语言和情感，促使被评价者愿意加入访谈过程，并对特定问题进行真实阐述。

（4）可以在多个情境中运用。课堂访谈评价过程灵活多变，这就决定了访谈法的适用范围。无论是教师性别、教龄、资历，还是学生年龄、学段、水平等，都能通过语言表述来进行访谈调查。

2. **访谈法的步骤**

作为小学数学课堂教学评价方法，访谈法是目的性、计划性很强的活动。在访谈过程中，评价者应该遵循相应的访谈程序和访谈标准。在课堂评价中运用访谈方法，可以从以下几个步骤出发。

（1）**访谈计划的制订**

访谈正式开始前，评价者需要制订明确的访谈计划，突出访谈重要问题，遵循访谈规定程序和标准。例如，访谈研究内容、访谈调查问题及问题回答规范等，都需要有明确的程序和标准，这样才能确保访谈过程科学合理有效。在小学数学课堂教学评价中运用访谈法，主要是针对具体的课堂情境来说的，课前和课后的访谈计划会存在差异。访谈计划主要包含如下几方面问题：

① **访谈的目的和主要内容**

访谈目的，即通过访谈，计划解决哪些问题。课堂访谈目的大致可分为四点：第一，通过访谈，对教师教学设计有基本的了解，然后再对教师教学设计的创新性和独特性、思想性进行评价。第二，通过访谈，对教师教学目的有基本的了解。教师课堂教学目的，是实施课堂教学评价的主要指标，当教师的课堂教学目的与素质教育理念相符、适应学生身心学习特点，并且教师的课堂教学过程符合教师的课堂教学目的时，教师的教学就能达到课堂教学评价的要求。第三，通过访谈，对教师开展自我课堂评价有基本的了解。课堂教学评价分为内部评价和外部评价两类，内部评价又包含教师自我评价。教师能够根据整个课堂教学过程做出自我分析和判断，并从中总结自身存在的教学问题和不足。第四，通过访谈，对课堂教学背景有基本的了解。了解教学背景，会使课堂教学评价更具针对性。

②拟定访谈问题

研究目的是拟定访谈问题的基础依据。拟定访谈问题，必须考虑访谈问题的中立性、层次性，并能通俗易懂。

③安排问题呈现的次序

向访谈对象提问访谈问题，要遵循层次原则，要将易回答的、具有事实依据的、了解相关背景的问题放在前面，将较为复杂的、可能影响被访谈者交流意愿的问题放在后面。

④确定访谈的方式和程序

按照访谈目的和规划，先确定是采用单独访谈方式还是采用分类座谈方式，并合理安排访谈程序。

⑤确定访谈时间表

课堂访谈时间安排较为简单，访谈对象会在课前或课后留出部分时间接受访谈。因此，访谈者本人需要遵从访谈对象的意愿，以确定访谈时间。

（2）正式访谈

与课堂访谈不同，其他情境下的访谈会在正式访谈开始前，预先按照访谈程序进行试谈，以此检验提问访谈问题的方式是否得当、层次是否分明等。课堂访谈则以课堂教学情境为主，是对教师及其课堂教学行为进行的评价访谈。在进行正式课堂访谈时，访谈者需要合理控制访谈时间、访谈氛围，与访谈对象保持良好的对话交流关系。另外，访谈者还需要根据访谈目的和程序进行访谈，准确地记录访谈过程。例如，正式访谈时，访谈者可以给予访谈对象更多的交流空间，对课堂教学过程进行自我评价。

（3）整理和分析访谈结果

待正式访谈结束后，访谈者需及时整理和分析已搜集的访谈资料。整理访谈资料时，要对其进行分类和编码。如果访谈者能够对访谈问题及访谈对象的回答进行分类和编码，那么访谈者就可以直接整理访谈资料。对于没有分类的访谈记录，访谈者需要根据被访谈者回答问题的类型，确定访谈结果分类标准。在统计和分析访谈结果时，访谈者可以将描述统计方法作为依据或标准，从中得出各访谈问题类型回答的平均数或百分比，也可以直接对访谈对象回答的内容性质进行分析。

3. 访谈时需要注意的几个问题

（1）访谈的时间安排

通常情况下，课堂教学结束后是安排课堂评价访谈的最佳时间，这是因为该时间段的评价对象对课堂教学过程有清晰的印象。如果将课堂评价访谈时间推移两天或以上，那么就会使课堂评价访谈的质量降低。并不是说非要在课堂教学结束后立刻安排评价访谈，而是应为访谈对象留有一定的缓冲时间，待课堂记录整理完毕后，访谈者再向访谈对象提出访谈申请或需求。访谈者必须预留足够的访谈时间，访谈时长不能过短但也不能过长，整个访谈时长可以设置在 3 分钟左右或适当延长，这样才能够保证最终的访谈效果。

（2）访谈的地点选择

访谈者应选择访谈环境安静的场所地点，尽量减少外部因素对访谈过程的干扰。课堂评价访谈地点应避免设置在办公室内，要排除额外噪音（如手机铃声）对访谈过程的影响，保证访谈对象有足够的注意力聆听和回答访谈问题。

（3）访谈的气氛

课堂评价访谈过程中，评价者需要营造较为宽松愉悦、和谐轻松的访谈氛围，与访谈对象形成平等交流的互动关系，避免出现语气伤人或不友好的态度，要减轻访谈对象心理负担。

（4）访谈的主题意识

整个访谈环节需贴合访谈主题，要保证在有限的访谈时间内，尽可能多地获取有参考价值的访谈信息。访谈者应该具有调控或转移访谈话题的能力，引导访谈对象围绕访谈问题进行回答，避免出现无效谈话。

（5）访谈的技巧

掌握访谈技巧是评价者使用访谈法的关键。面对同一访谈对象，不同的评价者会采用不同的访谈策略或技巧，这会使访谈过程及结果产生变化，进而影响访谈质量。因此，实施课堂评价访谈必须掌握访谈技巧。

通过研究国内外课堂教学评价发展状况，我们可以看出，传统的课堂教学评价较为单一，主要集中在定量评价方法和定性评价方法两方面，并且这两类课堂教学评价方法没有融合使用。随着两种课堂教学评价方法的研究发展，人们认为：应该将定量评价方法与定性评价方法融合使用，以符合现代课堂评价的发展趋势。

实施课堂教学评价，本质是为提升教师课堂教学质量而服务的。评价者需要建立有效的课堂教学评价标准。在评价方法上，不能对评价方法做出范围限制，要根据评价目的合理运用评价方法。所以，多种课堂教学评价方法的综合运用，可以为课堂教学评价搜集更多、更有效的课堂教学活动信息，但要注意各类评价方法的效果，不能出现形式化现象，要保证能够促进课堂教学评价功能的合理发挥。

二、小学生数学学习评价的基本方法

所谓小学生数学学习评价，是指评价者需确定搜集评价证据的计划和目的，根据小学生数学知识使用能力、小学生对数学的情感态度变化及价值观等评价指标，对小学生数学学习状况做结论性评价，并提出价值判断和改进方式。小学生数学学习评价的基本方法可分为考试型评价和非考试型评价。

（一）考试型评价

考试型评价，即将考试作为整个评价体系的重要指标。考试型评价具体包含考试前、考试中和考试后三个阶段。

编制试题是考试前的准备工作，也是考试型评价的重要前提。编制的试题是否符合《标准》的要求、是否能反映教学的目标、是否符合学生的实际水平，将会影响考试的结果，从而影响教师对学生学习的评价，影响学生对自己学习情况的比较真实的了解。因此，科学地编制试题是考试型评价的重要环节。

考试中，这一过程相对来说简单具体。

试卷评分结束后，教师要进行总结和分析，比如，从评卷中发现了哪些问题，学生的成绩是否服从正态分布，及格率如何、优秀率如何，等等。针对发现的问题，教师要给学生进行讲评，使学生知道失误和错误所在，知道今后努力的方向。

（二）非考试型评价

考试型评价虽然存在可取之处，但是也应注意其存在的问题，如在对小学生数学能力和情感态度方面进行评价时，考试型评价就无法体现出全面有效性。此时，就需要采用非考试型评价方法。

1. 日常检查

日常检查包括口头提问、板演、作业、个别访谈、课堂练习、课堂观察等形式。运用日常检查不仅可以了解学生对知识技能的掌握情况，还可以了解学生思维的程度、问题解决的过程，以及情感态度的变化等。

2. 成长记录袋评价

成长记录袋，即通常所说的档案袋，具有汇集展示的功能。部分画家、摄影家、作家和建筑师等，会使用档案袋汇集代表性作品，用以展示个人在专业领域的成果。近年来，成长记录袋评价方法开始被运用在教育评价领域，形成"学生成长记录袋评价"或"档案袋评定"，以此汇集展示学生的学习成就等。

3. 数学日记评价

数学日记评价，即学生通过书写日记，分析和总结自身对课堂教学内容的理解、评价、意见，从中记录在参与数学活动过程中的真实心得。数学日记主要包含课堂日记、生活日记和情感日记。其中，数学课堂日记是记录学生在课堂中学习的数学知识；数学生活日记是记录课余生活中参与和体验的数学情境；数学情感日记是记录学生学习数学过程呈现的真实情感或态度。由此可知，数学日记能够更好地指导教师对学生数学能力进行多角度评价，帮助教师做到合理评价学生的数学知识学习程度和数学思维意识，而学生本人也能形成自我评价、自我监控学习意识。

第七章　小学数学教师专业成长

本章主要论述小学数学教师专业成长，分别介绍了小学数学教师的专业标准、小学数学教师的专业素质、小学数学教师的反思性教学、小学数学教师科研素养的专业发展以及教师大数学观的建立。

第一节　小学数学教师的专业标准

本节不打算概括出小学数学教师的专业标准，而是将案例分析作为重点，从中指出普通型教师与专家型教师之间的差异，为小学数学教师建立专业标准。在案例分析过程中，本书会提炼小学教师的部分专业标准。之所以说是部分专业标准，一方面是因为专业标准尚未形成统一认识；另一方面则是因为，如果单纯地使用某个固定的专业标准，反而会使"优秀数学教师"的形象变得僵化。以下是小学数学教师的"部分专业标准"。

一、教学设计的视角：富于联系的概念图式

案例 1：除法教学的教学目标

新手教师的教学目标：

（1）学生初步理解除法的含义和概念。

（2）认识"÷"。

（3）认识除法算式中的 3 个名称"除数""被除数""商"。

专家型教师的教学目标：

（1）通过对围棋子分一分，理解"同样多"。

（2）认识"平均分"，知道可以用除法表示平均分；认识除号，会读写除法算式，理解除法算式各部分的意义。

（3）结合点子图发现除法与乘法、加法、减法的内在联系，明晰数学知识之间的内在联系。

从上述案例可看出，新手教师更多地关注所学概念本身；而专家型教师不仅关注了数学概念本身及其与其他知识间的联系，而且对学生的学习起点也作了预设。比如，"同样多"是"平均分"概念的基础，"平均分"则又是"除法"的现实模型，这是一个借助学生可能拥有的操作经验逐渐抽象的过程，也是数学本身发展的过程。

新手教师和专家型教师分别拥有不同的预设教学目标，这就表明新手教师和专家型教师在数学专业知识体系方面存在差距。评价小学数学教师是否具备较高的专业化水平，应重点关注该教师是否拥有层次性、复合性数学知识网络。一般来说，新手教师能够认清数学知识概念、理解数学题目，但缺乏对数学知识内部联系的认知，这主要有两方面的原因：第一，对某类数学知识的发展来源缺少了解，从而就会使数学知识认知结构缺乏层次感；第二，对数学知识内部之间的联系缺少了解，这同样会使已有的数学认识结构缺乏系统性。

另外，通过案例分析还可以看出，新手教师和专家型教师分别拥有不同的预设起点。针对学生学习起点进行预设时，专家型教师会对学生学习新知识可能存在的学习起点进行预设，新手教师则会从学生所要学习的新知识方面进行预设。举例来看，大部分学生都会对"同一物品分为同等份数"形成操作性经验认识，这就是小学数学教学中的"除法"概念。在对小学数学教师进行评价过程中，要重点关注教师的"理论联系实践"能力，即将学生形成的经验认识与理论知识教学相结合，从而改善学生学习水平。

概括起来，一个专业文化水平高的小学数学教师应该拥有一个富于联系的概念图式，这里的图式不仅包括有层次且复合的数学知识网络，而且其网络中又有许多如具体的生活经验等经验性的知识作为支撑。

二、教学过程的视角：非线性的教学实施能力

案例2：面对教学中的意外

研究者：在认真阅读你所制作的教案后，发现你并没有对学生学习结果进行描述，反而是对自身的教学行为进行重点描述，包括预设的问题和陈述的数学知识。

新手教师：我也对学生的学习结果进行了记录，这部分是以"学生应该回答的正确答案"展示出来的。

研究者：但这只是你作为教师预想的答案，当学生回答的答案与教案中预设的答案存在区别时，你该怎么办呢？

新手教师：会有学生回答的答案和教案预设的答案保持一致的。

通过该案例分析可以看出，新手教师在实施教学设计时，只是重点将教学设计作为导向，没有综合考虑学生可能出现的反应，整个过程表现得较为流畅，即常见的"流线型"。但是，专家型教师在实施教学设计时，就会重点将学生反应作为导向，教学设计只是起到辅助作用，因此整个过程表现得较为多变，呈现出非线性特征。

结合上述案例分析，小学数学教师在规划教育目标时，应该将教授学生数学知识和培养学生数学思维统一起来，使学生能够形成综合化的数学素养。从这一点出发，教师不能仅是作为"猎人"角色，单纯地引诱学生这一"猎物"进入预先埋好的"陷阱"中，还要看清"狩猎"具备的价值意义，让学生也能学会站在"猎人"角度去观察、思考和解决问题，并形成良好的数学思维和学习数学的心理。要实现该教育目标，小学数学教师就应该注重学生的学习体验，使学生了解学习数学并非只包含数学理论知识部分。同时，小学数学教师在教学时也应注重学生的反应和变化，努力提升自身的数学教学实施能力。

三、教学评价的视角：全面的教学反思能力

对小学数学教师进行课后教学评价，可以发现其教学专业水平。反过来说，小学数学教师要想提升教学专业水平，就必须重视课后教学评价。下面就结合案例进行分析。

案例 3：学生真敢想

在面向小学一年级学生进行教学时，数学教师借助多媒体教学工具向学生展示某学校开运动会的场景。在展示完毕后，数学教师会分别列出六年级参赛人数、五年级参赛人数和四年级参赛人数，然后由学生运用加法计算这三个年级的总参赛人数。然后，数学教师在结合课堂中已有的事物，要求学生自行运用数学知识进行实际作答。课后，教师会根据课堂中学生回答的答案进行分析和总结。

课后教学评价能够体现新手教师在课后教学反思中的问题，如教师未能认真反思学生回答的答案类型会存在差别、教师认为课堂教学中的问题主要来源于学生等。因此，新手教师需要具备全面的教学反思能力，努力做到专业化发展。

第二节　小学数学教师的专业素质

小学数学教师的专业素质主要包含数学专业知识、数学专业能力和数学素养三个方面。其中，数学专业知识是由数学科学专业知识和教育科学知识构成的，而数学专业能力则由数学教学技能和数学教育教学能力构成。数学素养集中反映在数学科学素养、数学思维素养、运用数学的素养、数学人文素养、数学教育信念素养等方面。

一、小学数学教师的专业知识

小学数学教师的专业知识包括本体性知识、条件性知识以及教育实践中积累起来的实践性知识。本体性知识决定着小学数学教师所教的数学的科学性；条件性知识决定着小学生学习的难度；而实践性知识则决定着小学数学教师能否有效地处理小学数学教学中出现的问题。

（一）本体性知识

本体性知识，即数学专业知识。小学数学教师应将数学专业知识作为基础，对数学基础知识、数学思维方法、数学史知识及应用数学知识等进行学习和研究。已有的研究表明，数学教师是否拥有扎实牢靠的数学知识基础，会对自身教学行为和学习行为产生相应影响。在教学实践中，教师需要运用丰富的数学知识，指导学生建立数学概念体系，为学生提供类型多样且科学合理的表征方式。对数学知识丰富的小学数学教师而言，他们会通过各种课堂活动，在教学技巧的支持下，引导学生对数学知识进行学习讨论，从而更好地培养学生学习心理。

（二）条件性知识

小学数学教师需要掌握的条件性知识，是指应该在何种条件下，为什么要传授数学知识以及如何传授。该知识类型主要包括教育学、心理学及小学数学教学法知识等。小学数学教师应该不断丰富自身的数学科学知识体系，为更好地服务于数学教学奠定基础。需要注意的是，当小学数学教师积累一定的数学科学知识后，就会出现与数学教学相关性不显著的问题，小学数学教师需要将"数学"转化为"教育数学"，合理优化该转化过程。

（三）实践性知识

小学数学教师需要掌握的实践性知识，是指为使教学行为更具有目的性，应该采用具体的课堂情境知识及与此相关的知识。对已掌握实践性知识的小学数学教师来说，他们可以有效预先判断学生所要提出的问题，以及可能遇到的难题，然后对该类问题或难题进行解决。小学数学教师可以从案例分析、访谈或经验介绍中获得实践性知识。

二、小学数学教师的专业能力

小学数学教师应该具备哪些能力，可谓仁者见仁、智者见智。我们认同傅敏、刘麟的观点：数学教师的能力结构至少应该包括基础能力、数学能力、数学教学能力以及拓展能力。

（一）基础能力

基础能力是指完成一般工作所需的能力。它主要包括认识能力（观察力、注意力、记忆力、想象力和思维能力等）、表达和交流能力（特别是数学表达和交流能力）、教研能力、信息技术能力、终身学习能力等。

（二）数学能力

数学能力是一种特殊能力，是顺利完成数学活动所必须具备、直接影响其活动效率的个性心理特征。小学数学教师的数学能力，主要包括空间想象能力、抽象概括能力、逻辑思维能力、运算能力、问题解决能力（发现问题、提出问题、分析问题、解决问题）等。

（三）数学教学能力

小学数学教师具备的数学教学能力，主要反映在小学数学教学活动中。数学教学能力的高低，会决定小学数学教师在教学中的地位和作用。具体来看，小学数学教师的数学能力主要包括对数学课程内容准确驾驭的能力、数学教学设计的能力、数学教学实施的能力和数学教学反思的能力[①]。

（四）拓展能力

所谓拓展，是指对事物原有状态进行调整变化，从而延伸或形成新的发展途径，拓展的本质就是创新变革。拓展能力是在素质教育背景下对小学数学教师提出的要求，旨在促进小学数学教师实现自我完善和自我发展的目标。在素质教育等理念要求下，小学数学教师不仅需要具备课堂教育教学的能力，还需具备课堂教育教学研究的能力，也要学会管理课堂，这样才能切实做到理论教学与实践教学相结合，培养学生创新意识。

三、小学数学教师的数学素养

数学素养，即教师在先天素质基础上，通过后天教育与环境影响，凭借自身努力学习获得的数学知识、数学能力和数学思想观念等，它集中表现为综合修养。具体来看，数学素养主要包括数学思维素养、运用数学的素养、数学人文素养、数学教育信念素养等。

（一）数学思维素养

数学学习本质上是一种思维活动，数学在训练思维、提高思维水平方面发挥着突出的作用。抽象化、符号化、公理化、最优化、模型化等思考方式可以帮助我们抓住事物的共性与本质，有条理地思考问题，定量化地刻画客观事物，有效地表达和交流，严密地推理以及运用数学思想方法去发现问题、提出问题、分析问题和解决问题。数学能帮助我们养成勤于思考的习惯，对人的终身成长都有益。

[①] 张维忠. 数学课程与教学研究 [M]. 杭州：浙江大学出版社，2008.

（二）运用数学的素养

学会运用数学是数学教师必须具备的素养。数学是人类认识和研究科学的基础，是人类文明存在和延续的重要学科支柱。数学应用范围广泛，尤其是在自然科学中的应用，它在军事科学中的应用是普遍的，在社会科学中的应用更是普遍的。在数学与其他科学领域结合的形势下，小学数学教师更应该将科学领域或日常生产生活领域中的实际问题，抽象地转化成数学问题，并运用数学思想方法进行解决。

（三）数学人文素养

任何一门科学都是一种文化，数学也不例外。数学文化在人类所创造的文化中一直占据着重要而独特的地位，具有极其重要的社会文化价值，对人类文化发展有十分重要的影响，是推动人类物质文明和精神文明进步的一种重要力量。这种文化素养既涵盖养成实事求是的科学态度以及追求定量的精确化和严密推理的思维方法，也涵盖养成数学意识（理解数学的科学意义、文化内涵，懂得数学的价值）。

国外学者曾指出，站在最广泛意义的角度来思考，数学更应该是一种精神，即所谓的理性精神。正是这种理性精神，促使人类合理完善地运用思维，也正是这理性精神，对人的物质、道德和社会生活产生关键性影响，并尝试回答人类本身提出的问题，最终做到理解自然变化和控制自然变化，在探求和确立知识过程中，将获得的知识赋予深刻和完美的内涵。从这一点来看，小学数学教师应该具备基础的数学人文素养。

（四）数学教育信念素养

小学数学教师具备的教育信念素养，主要表现为小学数学教师自身对数学学科及教学过程的总体认识。具体来看，数学教育信念素养主要包括教师数学观、学生观和数学教育价值观三个方面。

科学的数学观是小学数学教师的重要基础，教师数学观科学与否，会对学生学习方法及解题思路等产生影响。小学教师需要以科学的数学观指导学生。

教师的学生观是指教师对自己教育对象的基本看法。首先，学生是学习的主体，教师在学生学习过程中发挥着组织、引导和支持的作用，教师需要通过创设合理的空间和时间，广泛调动学生参与数学课堂交流讨论，帮助学生形成正确的课堂学习心理，激发其积极主动学习的欲望；其次，小学生正处在一个身心发展的重要阶段，学习的压力不宜过大，学习的时间不宜过长，学习的任务以不影响其休息、睡眠和玩耍的时间为底线；最后，要正视学生的差异，使不同的人在数学上得到不同的发展。

传统的教师教育价值观更多地表现为"传道、授业、解惑"，而忽略了教育在促进历史发展中所起到的作用。数学教育的目的是培养适应社会发展、促进社会发展的合格公民。在这种教育观的指导下，教师应以促进学生持续、健康、和谐、全面发展为目的，时时处处体现出关心、关爱每一个学生。

第三节　小学数学教师的反思性教学

一、反思性教学的含义

近些年来，西方部分发达国家逐渐形成一种新的教学实践——反思性教学（reflective teaching）。而早在 1910 年，杜威在其著作《我们怎样思维》中，就已经论述了反思性思维与教学过程之间存在的关系。在他看来，教师应作为反思性教学的实践者而存在，应以专业人员的身份担负起课程建设和教育改革的任务。杜威的理论思想成为人们研究反思性教学的基础，他也被视为反思性教育研究的"发起者"。

所谓反思性教学，是指教学主体通过行动研究（action research），认真分析和总结其在教学目的、教学工具等方面存在的问题，将"学会教学"与"学会学习"作为一个整体系统，使教学实践更加科学合理，最终实现"学者型教师"的目标。我国学者认为，反思性教学和操作性教学有着本质区别，关于操作性教学的概念，较为统一的解释是：按教材或者上级的要求，按部就班地进行常规性教学。由此可知，反思性教学更加强调教学主体的能动性，要求教师以解决教学问题作为出发点，通过解决教学中的问题或不足之处，以此提高学科教学质量。另外，反思性教学更加强调教学实践和教学认识。教学主体进行反思的目的，是为改进教学质量提供保证，教学主体应该努力提高教学实践本领。还有一点就是，教学主体在教学反思过程中，需要及时发现和总结新问题，形成教学责任意识，由此通过改进教学质量过程，为教学实践提升高度打下基础。最后一点，反思性教学能够促进教学主体的全面发展。当教师学会全面反思自身教学行为时，他会系统认识自身在教学前、教学中和教学后等环节的不足，不断提高自身教学能力。

二、数学教学反思的途径

（一）详细描述

小学数学教师之间相互观摩讲课过程，并做出描述。之后，各个教师进行意见互换。

（二）专业发展

学校利用教学反思方法，支持和促进小学数学教师专业发展。在实际操作过程中，学校可以将小学各年级的数学教师组织在一起，并系统提出小学数学课堂教学存在的普遍问题，让教师共同交流讨论解决方法。

（三）行动研究

小学数学教师在总结课堂教学问题后，应该进行调查分析研究。该途径可以有效指导小学数学教师提高教学实践能力，并为其他学科教师教学提供调查研究指导。

（四）模拟与游戏

利用网络模式教学情境，可以使小学数学教师通过不同角度发现新的问题，并形成提升课堂教学质量的思路。

（五）成长史与自传

在教学反思过程中，小学数学教师可以对其他学科教师进行访谈，认真记录其他学科教师提供的意见，以此协助自身改变教学方式。这种自我反思或由他人提供的反思意见，可以使教师本人形成清晰的自我认识。

（六）接触新知

小学数学教师可以尝试接触新的反思方式，如阅读书籍文献、倾听教学演讲、参与教学会议讨论等，并从中总结新的教学想法，完善教学价值观。

（七）反思日记

定期记录教学反思，并将之整理成教学日记，这同样是提高教师本人教学能力的途径。在撰写教学反思日记过程时，小学数学教师应该分析每一处问题，并进行深刻的自我反省。

综合而言，教学反思能够为教师提供更为理性和自觉的决策，教师的职业特性决定了教师本身就是一个研究者。教师进行自我教学反思的过程，是不断完善自身教学本领的过程，教师应该将反思作为一种思考教育和解决教学问题的方式，使其课堂教学策略或方法更加合理。通过上述分析可知，反思性教学是教学主体对完善教学实践的追求，这种形式能够为培养优秀教师，尤其是学者型教师提供帮助，也能加速学科教师的专业化发展。

第四节　小学数学教师科研素养的专业发展

一、教师专业发展的学术能力基础

小学数学教师要想发展专业教学能力，就需要定期参与学术研讨交流会议，且要正确看待个人实践教学水平，并从小学数学课堂教学中分析总结存在的问题，主动和专家学者探讨小学数学教育的发展路径，以此提升个人科研素养能力。另外，小学数学教师需要定期发表学术论文，培养个人学术阅读、学术写作和学术表达能力。

（一）学术阅读能力

在学术阅读过程中，教师能否从学术期刊、学术著作中分析和总结学术精华，并做到"为我所用"，是评价教师学术阅读能力的依据。培养学术阅读能力，关键要从选择学术阅读材料入手，教师需要做好学术阅读材料信息筛选工作。一方面，为有效增加自身数学理论修养，小学数学教师可以研读有关教育理论知识、心理学知识及相关学科知识的书籍，也可以定期了解各个学科学术研究进展，更好地服务于数学教育教学工作；另一方面，当在课堂教学过程中遇见较为复杂的问题时，小学数学教师可以利用网络搜寻解决策略，也可以在网络学术文献资料库中翻阅最新成果，增加自身学术阅读能力，并结合教学实践做到学以致用。

（二）学术写作能力

学术写作能力，即教师自觉转化实践成果的能力，教师要将理解、分析和整理的话语逻辑表达出来，为学科理论研究和教学提供专业的知识。学术写作必须符合学术规范，不能只是进行单纯的经验介绍。教师应将学术写作与日常的感想、随笔和日记等写作区分开，指出专业教育中存在的普遍问题，并提供解决思路或方案。学术阅读能够为学术写作提供专业理论和学术话语，教师应在学术阅读过程中掌握学术规范，弄清学术规范中学术注释、学术引文和学术评价等要求。总之，教师需要通过学术阅读来认识、积累学术写作方面的要求以及素材。

（三）学术表达能力

学术表达能力，即教师能否系统运用理论知识，将教育教学实践认知通过学术话语准确表达出来。学术表达是以学术话语为表征的，它更注重自由交流形式。同类型学科教师相互说课、评课或讲课，都是通过学术交流的形式进行学术表达的。在学校进行校本技能培训、校本课程开发等内容时，教师要想做好学术会议报告，就必须培养个人学术表达能力。学科教学研究样态类型多，可分为基础研究、应用研究和交叉研究等，但是在进行学术研究时，教师需要阅读大量学术文献，并掌握学术写作要求，系统训练个人学术表达能力，形成良好的学术话语权。

二、小学数学教育学术论文的写作

（一）数学教育类学术论文的基本类别及写作注意事项

学术论文根据不同标准有多种分类。根据学术论文性质作用的不同可以将学术论文进行划分：

（1）综述类：是指对某一时期某学科领域研究进展进行概括总结，分析当前形势，指出存在的问题，明确发展方向与趋势。综述类文章的撰写建立在对有关文献阅读的基础之上，所以这类文章优劣的主要决定因素之一就是文献数量与质量问题，笔者需大量查阅高质量的文献、涵盖面较广的文献，并侧重于对研究现状进行综述，以期对其他读者在研究有关问题时起到良好参考作用。

（2）实证研究类：即运用大量的事实、数据与资料，积极地加以阐述，从而论证自己的见解。实证研究需要通过考察，让资料说话。所以，资料来源至关重要。一方面，实验样本的选择应具有代表性，样本量不宜过小。通常情况下，若调查对象比较复杂，必须采取分层抽样后随机抽样的方法。虽然在统计学上，30 个样本就具有统计意义，但如果作者进行相关分析、回归分析或者主成分分析，样本就需要足够多，数据的取得与样本数目关系密切。另一方面是调查工具即问卷要有较好的信度与效度。通常情况下，通过查阅已经被证明信度、效度良好的调查问卷并稍加修订后重新测量；若为教师自编问卷，则要经过前测获得问卷重测信度并借助 SPSS13.0 统计软件进行结构效度计算。在撰写实证类论文时，应该明确调查目的，调查过程和调查结论等内容，在文章的结尾部分应该分析数据，以获得本文的主要研究结论，同时要把调查问卷附在附录中，以免结论太过武断。

（3）比较类论文：某一理论在国内外的比较研究。通常要从文本材料入手，引用外文文献是为了不同文化境遇中的对比研究，所以要避免仅仅单纯地翻译外文文献，要深入研究该理论的渊源和背景以及该理论的应用条件、国内可行性分析或给国内研究者以何种启发等问题，这正是比较研究之宗旨。当然，对比研究并不限于理论层面，文本层面、实践层面的对比也是能够开展的；又不限于中外比较，全国各地都可开展比较研究。

（4）思辨争鸣性论文：即分析某项学术成果，期刊论文或专著的观点，确认其价值所在，挑明存在的问题和不足，驳斥对方意见，发表自己的不同看法。此类文章要求教师要有高度的学术敏感度，并能够快速把握所论述问题的实质、旁征博引，但要注意就事论事，切忌人身攻击。

（5）纯演绎性文章：在一定理论指导下进行的演绎推理。比如，通过对波利亚解题理论的介绍，推出它对数学教学的影响。应注意一些理论可能适用于任何学科，而这类文章应该具有小学数学的特点。

（二）学术论文的基本格式

（1）题目。要求简明扼要，有概括性。字数不宜超过 20 个汉字。如有特殊要求，可加注副标题。

（2）摘要。论文摘要应以浓缩的形式概括研究课题的内容，中文摘要应在 300 汉字左右，英文摘要应与中文摘要基本相对应。

（3）关键词。从标题或正文中挑选 3～5 个最能表达主要内容的词或术语作为关键词。

（4）正文。正文是对研究工作的详细表述，一般由标题、文字、图、表格和公式等部分组成。该部分要运用各方面实验结果、研究方法分析问题、论证观点，尽量反映出学生的科研能力和学术水平。

（5）参考文献。参考文献是学术论文不可缺少的组成部分，也是作者对他人知识成果的承认和尊重。正文中引用他人的观点及原话、主要数据等必须在正文后注明出处。

（6）附录（可选）。一些不宜放入正文中，但作为论文不可缺少的组成部分，或有参考价值的内容，可编入附录中。

（三）学术论文写作的过程

1. 准备阶段

先是确定研究主题、研究对象与研究范围。在确定研究主题时，要考虑所筛选的研究主题是否符合研究需要，保证所要研究的问题具有价值，并有充足的调查论证资料。另外，还应该选择范围恰当的研究主题，以及拥有明确的研究对象，这样才能保证研究的合理性，不会使研究过程陷入僵局或流于形式。因此，小学数学教师可逐级逐层次筛选并确定研究主题。

之后是搜集研究资料。一般将研究资料以来源形式进行划分，包括直接资料、间接资料两种。在搜集研究资料时，要保证其中的数据来源或材料内容真实可靠、完整清晰、有说服力。可以使用网络工具（如中国期刊网、万方数据库和优秀硕博论文等）进行查询搜集，也可以在图书馆或其他线下场所查询数学教育类期刊。

接着就是整理和阅读已搜集的研究资料。可以使用活页纸或电脑等对搜集到的资料进行分类存储，也可以对其中的内容进行摘要整理，还可以将研究资料按照问题、概念等形式进行主题归类。

最后是文献综述。在论文写作过程中，必须做好文献综述工作，要对专家学者挖掘出的理论性研究成果进行分析和总结，并指出现存的问题，确定论文想要研究的问题，并对论文含有的研究成果或结论做进一步展望。

2. 写作阶段

首先，要对论文题目及写作大纲进行总体设计。设计论文题目，必须遵循简明易懂的原则，要突出论文研究主题思想。论文题目由主标题和副标题构成，一般情况下多以主标题为主。设计论文写作大纲时，要注意在脑海中理顺写作思路，分别设定一级标题和二级标题。

其次，要注意正文写作规范和要求。按照基本结构撰写论文，从介绍论文研究综述开始，分别提出论文研究问题、研究方法、研究过程和研究结论，重点对论文研究问题进行讨论，并对研究结论进行未来展望。论文写作实际上是学术规范过程，撰写论文时要用到规范的学术语言，注意正确使用标点符号，不要单纯地就某个观点或问题进行人身攻击，不要剽窃他人学术专利研究成果，要遵守学术道德。

最后，参考文献、附录的标注。论文写作过程中离不开对前人研究的学习与借鉴，如有引用应准确标注。参考文献一般分为：学术论文、著作、报刊、硕博士论文、会议论文，不同参考文献有不同标注方法，此处不赘述。附录包括调查问卷、访谈记录或者需要特殊说明的部分。

3. 修改阶段

优秀的学术论文会经过反复修改。在完成论文初稿撰写后，可以将其放置在一边，待几天过后再次进行阅读检查，并修改语句逻辑不通之处。必要时，可以尝试重新推翻原有的论文题目，对全文结构进行调整，改变原有的段落次序。对论文措辞表达进行修改时，应注意保持学术话语的简洁性，避免出现偏离论文中心观点的情况。同时，还应该对论文标题进行检查核实，论文标题既不能过于冗长，又不能过于简单。不要重复出现某个段落，要合理安排论文段落次序，科学合理地引用参考文献资料。

三、小学数学教育研究课题的选择与申报

小学数学教师积极主持或主动参与课题研究，一方面是提高自身教育教学科研能力的需要，另一方面也是向教学科研型教师转型的要求。在小学数学教育教学中，多数小学教师很少有机会参与主持省部级课题研究。为此，小学数学教师可以多关注课题申报工作，从中积累科研经验。

（一）课题的类别

国家统计局将项目研究类型大致划分为三类，分别是"基础研究""应用研究""实验与发展"。

基础研究，即实验性或理论性研究，它可以帮助教师获得关于学科现象或事实原理的新知识，如揭示客观事物本质、运动规律等。基础研究成果主要通过科学论文或科学著作进行展示，不带有专门或特定的应用或使用目的。

应用研究，即通过采取原理性方法或途径进行创造性研究，从中得到新知识。简单来说，应用研究就是为了确定基础研究成果可能的用途，具有明确的目标指向和方法依据。应用研究成果主要通过科学论文、专著和原理性模型、发明专利进行展示。

实验与发展，即以基础研究、应用研究和实际经验获得的知识为基础，对产品、材料和装置、系统和服务、工艺，以及已产生和建立的各项事物进行实质性改进，这是一项系统性工作。实验与发展成果主要通过专利、专有技术、具有新产品基本特征的产品原型、具有新装置基本特征的原始样机等进行展示。在社会科学领域，实验与发展是指利用在基础研究、应用研究中获得的知识，将其转变成实施计划（包括为进行检验和评估实施示范项目）的过程。在人文科学领域，除了有个别学科的特定领域（如艺术学的乐器专业等）需进行实验活动外，其余学科领域则没有对应的实验开展活动。

综上，在研究类别的选择上，应结合项目主攻方向进行确定，原则上多为基础研究和应用研究。一般的《申请评审书》会对项目类别进行具体细化。

（二）数学教育课题研究的主要内容

课题指南会对基础教育研究问题进行罗列总结。小学数学教师计划申报课题时，可以根据课题指南选择具有研究基础的问题，并保证其与研究兴趣相符合。这也就表明，课题申报的前期工作会经历逐步积累的过程。小学数学教师需要通过教学实践思考和总结数学教育中存在的问题，为课题研究积累资料和观点，之后再选择填报课题。

四、课题研究实施

（一）课题立项

课题申报能够为后续的科学研究工作提供必要的支持。小学数学教师要想申报课题研究，就需要在规定的格式申请书上填写，之后交由专家进行评审，待批准后方可立项实施。一般而言，填写的课题申报表主要包括基本数据表、负责人和课题组主要成员近三年来取得的与本课题有关的研究成果、负责人和课题组主要成员近年来主持的重要研究课题、课题设计论证（本课题的界定、国内外研究现状述评、选题意义及研究价值；本课题的研究目标、研究内容、研究假设和创新之处；本课题的研究思路、研究方法、技术路线和实施步骤）、完成课题的可行性分析（包括已取得的相关研究成果的社会评价、主要参考文献；主要参加者的学术背景、研究经验、组成结构；完成课题的保障条件）、预期研究成果、经费开支预算等。教师需要重点注意课题设计论证部分，从而保证课题研究资料合理丰富，要有清晰正确的课题研究方向，有明确的课题研究思路。总之，课题研究能够体现学术价值，具有现实的学科导向意义（即学术前沿性），才能使研究成果更具有创新性和社会影响力。

（二）课题研究方案的制订

课题研究方案，即通常意义上的课题研究计划。制订课题研究方案能够为实施课题研究工作提供具体设想，包括课题研究内容及步骤等。在制订课题研究方案过程中，项目主持人需要发挥好组织作用，促使课题组成员共同参与其中，要在课题申请书中的课题设计论证部分要求下，认真研究几点问题：（1）阐述研究课题，包括课题名称、研究内容和研究范围；（2）论证选题意义及研究价值；（3）提出研究假设和依据；（4）分析研究内容；（5）确定研究方法和工具；（6）设定研究计划。为此，项目主持人应为课题组成员分配具体任务，保证课题研究进程顺利。

（三）撰写开题报告

当课题申请被立项批准后，课题项目主持人就需要着手准备开题报告，要邀请同行专家，对已预先确定的课题研究方案进行指导。开题报告内容主要包括：汇报课题名称、意义、研究重点、研究难点、研究方法、研究创新点、研究过程存在的问题、如何组织实施、经费预算、预期成果等。在完成开题报告工作后，还需要对开题报告会议做记录，主要有开题报告时间、地点、参与人员及评议专家等。

（四）接受中期检查

在课题研究实施过程中，批准立项的机构要对课题进行中期检查，一般要填写中期进展检查表，检查表要报告课题的进度、研究中遇到的问题、研究实施的大致情况以及经费使用情况。批准机构会根据中期检查结果判断课题组是否具有完成研究课题的能力，并决定是否继续追加科研经费。

（五）结题

课题研究结束，除完成申请书中预期达到的目标（如论文、专著等）外，课题组还应提交结题报告。结题报告要特别说明，研究取得的成果、创新之处、解决的问题、研究过程中存在的问题以及研究成果的应用范围等。逾期无法完成课题结题，须提出申请、说明理由，否则撤销立项。

第五节　教师大数学观的建立

数学与生活息息相关。数学知识能被用于解决生活实际问题，为各行各业发展带来较为显著的变化。可以说，数学是一个复杂而开放的系统。对小学数学教师而言，应该系统建立"大数学"观，实施动态化教学。

数学学科具有人文性特征。数学学科的形成与发展较为久远，它在推动人类社会进步和发展过程中不断融合，是历史时代的产物。

之所以说数学有着悠久的历史，是因为它的起源可以追溯至远古时代的结绳记事。在古埃及和古巴比伦文明中，就存在记载着关于数学的文献资料。可见，在早期人类活动历史进程中，就存在生活与数学相结合的现象。在这之后，人类又开始形成图像意识和计数意识，逐步研究较为完整的计数方法。再往后，度量意识也随之产生。数学学科的产生与发展是和人类文化的产生与发展存在紧密关联的，从数学学科中我们可以窥探人类文明由低级到高级、由简单到丰富的变迁过程，这也反映出数学学科有着悠久的人文历史特性。小学数学教师在实施课堂教学过程中，应注重搜集数学知识体系中涵盖的人文性内容，以此丰富小学数学课堂教学内容、提高学生学习数学知识的兴趣度，最终为提升小学数学课堂教学质量提供基础保障。增加小学数学课堂教学的人文性，需要小学数学教师不断积累人文素养，并对与数学学科相关的历史和文化内容进行研究，思考数学学科与其他相关学科的关系，拓宽数学学科知识体系。

数学能够为人提供思考方法，而数学包含的理论知识更多的是理性化的思维探讨，可以丰富和延展人的逻辑应用思维，指导人类认识世界和改造世界。

数学是从生活中提炼出来的，而提炼过程也是一个思考过程，因此数学这门学科就是人们思考方法的概括。当一个人运用数学来认识、研究生活事物的时候，他也会持续地从事思维活动。数学成果是思维成果，数学方法是思维方法。就教学而言，数学学习又可被视为思考方法论研究。在数学学习中，必须重视总结与反思，要用不同视角来考虑数学和其他事物的关系。数学教学本身就是一种思维方式，作为教师要不断地进行总结，这样才能在思维中得到较好的途径。数学教学活动就是反思，就是反思教学方法与人生，这一动态过程要求教师与学生同时进入反思的场景中，从而获得理性思维。提升理性思维能力无疑有利于人对于生活的感受与理解，从而使数学学习与个体之间的联系更加密切。不管是作为教师或是学生，这类得到理性思维发展的数学研究将陪伴我们整个生活，不仅仅限于学校与课堂。

数学能为人类生产生活提供更多的生存技能，小学数学中包含的加减乘除计算方法，都会被用于生活实际中。在掌握数学基础运算知识后，我们才能进行复杂的科学研究。因此，学会运用数学这门生存技能，能够更好地解决生活实际问题。

数学最基础的功能就是指导人类开展生活实践，这也是我们学习数学知识的主要目的。在小学数学课堂教学中，教师需指导学生将数学知识用于生活实际中。通常而言，数字计算是人类经常用到的数学知识，人类生存生活中的很多实际问题，都需要通过数字计算来解决。因此，小学数学教师需要培养学生数字计算能力，巩固学生数字计算基础，使他们真正做到理论联系实际、学以致用。另外，巩固和提升学生数字计算技巧，其实是一种学科意义上的良性循环，当学生学会运用数字计算解决实际问题后，学生会增加对学习数学知识的信心，教师也就能更好地开展学科教学，真正实现教与学、学与用的结合。当前，在素质教育理念的要求下，小学数学教师更应在课堂教学中融入生活实际问题，鼓励学生灵活运用数学知识开展实践活动，打破以往"死读书，读死书"的教学局面。

数学是人类相互沟通和交流的工具。例如，跨国间的贸易往来、各个行业之间的度量认定、各个国家时间日期的确定等，都会或多或少地用到数学知识，而这个过程又会产生沟通和交流。在互联网信息技术迅速发展的大背景下，数学更是成为一门具有重要影响力的学科。

数学交流是人类语言思维生成与表达的过程。语言思维是从交流活动中生成的，而语言思维的转换本质上是思考的过程。在思考时，人类会运用所学的数学知识，为解决实际问题做准备。因此，数学交流具有较为直接显著的作用。以数学计算为例，当交流双方针对某一实际问题展开讨论时，如果有一方不能有效地运用数学计算解决这一实际问题，那么双方也就不存在后续的交流过程。

个体无法脱离于生活而独立存在，在有限的、具体的生活环境中，如果自身无法实现与他人之间的交流沟通，那么就会影响自身正常的生活状况。因此，进行必要的交流和沟通，对每个人来说都是必要的。具备良好的交流能力，可以让个体更好地融入集体生活中，进而提高个体生活质量、实现自我价值。在人工智能和大数据发展的时代，每个人都会或多或少地受到网络的影响，如果不具备基础的数学知识，就无法全面了解网络。在小学数学课堂教学过程中，教师需要鼓励学生积极参与课堂问题讨论和交流，要通过师生交流、生生交流来增加数学知识运用的效率。

数学知识体系是在提炼和总结中扩充发展的，数学知识是指导人类解决生活实际问题的依据。学习数学知识，要在掌握数学计算原理的基础上，与生活实际相结合。小学数学课堂教学同样需要遵循理论联系实际的准则，让学生学会多思考、多比较和多联系，在解决生活实际问题过程中体会数学知识的功能与作用，更好地吸收和理解数学知识。当然，小学数学教师也应该不断挖掘生活实际中存在的数学问题，为构建系统全面的"大数学"观提供指导。

参考文献

［1］ 韩朝泉，邱炯亮，聂雪莲. 数学教学与模式创新［M］. 北京：九州出版社，2018.

［2］ 王庚. 教学的思与行 统计学与数学教学研究［M］. 北京：北京理工大学出版社，2018.

［3］ 唐小纯. 数学教学与思维创新的融合应用［M］. 长春：吉林人民出版社，2021.

［4］ 宋秋前，孙宇红，姜静，等. 小学数学教学问题诊断与矫治［M］. 上海：上海交通大学出版社，2018.

［5］ 毕恩材. 数学教学艺术论［M］. 南宁：广西教育出版社，2002.

［6］ 田万海. 数学教学测量与评估［M］. 上海：上海教育出版社，1995.

［7］ 陈起新. 小学数学教学问答［M］. 北京：化学工业出版社，1982.

［8］ 王淼生. 概念数学教学永恒主题［M］. 厦门：厦门大学出版社，2018.

［9］ 李迎，刘亚，殷爱梅. 思维导图在数学教学中的应用［M］. 长春：吉林人民出版社，2020.

［10］ 辛岳欣著. 现代中学数学教学反思［M］. 成都：电子科技大学出版社，2016.

［11］ 刘琴. 探索"双减"背景下初中数学课堂的有效教学［J］. 新课程，2022（15）：11-13.

［12］ 喻平，徐时芳. 核心素养指向的数学教学过程设计［J］. 数学通报，2022，61（3）：1-6，21.

［13］ 高丙显. "双减"背景下小学数学教学现状及改善策略［J］. 试题与研究，2021（35）：109-110.

［14］喻平. 核心素养指向的数学教学目标设计［J］. 数学通报，2021，60（11）：1-5，13.

［15］刘权华."双减"背景下数学教学应有的作业观［J］. 教学与管理，2021（31）：64-66.

［16］武小鹏. 数学扫描教学实践评价系统的框架结构与比较分析［J］. 现代基础教育研究，2021，43（3）：31-39.

［17］丁福军，张维忠，唐恒钧. 指向数学核心素养的问题链教学设计［J］. 教育科学研究，2021（9）：62-66.

［18］章勤琼，阳海林，陈肖颖. 小学数学教学中的表现性评价及其应用［J］. 课程. 教材. 教法，2021，41（3）：83-89.

［19］郑毓信."数学深度教学"的理论与实践［J］. 数学教育学报，2019，28（5）：24-32.

［20］张小敏. 信息技术支持的小学数学教学创新研究［J］. 中国电化教育，2016（8）：115-119.

［21］周露露. 指向高阶思维培养的小学数学问题链教学策略研究［D］. 上海：上海师范大学，2022.

［22］尹永彩. 具身认知视野下小学低年级数学游戏化教学研究［D］. 洛阳：洛阳师范学院，2022.

［23］张玉菡. 思维导图在小学高年级数学教学中的应用现状及对策研究［D］. 扬州：扬州大学，2021.

［24］马晓."互联网+"背景下初中数学混合式教学案例开发研究［D］. 兰州：西北师范大学，2021.

［25］顾晓晴. 游戏在小学低年级数学教学中应用的问题与策略研究［D］. 扬州：扬州大学，2022.

［26］杨培奇. 数学史融入高中数学教学的现状调查与改进策略［D］. 长沙：湖南师范大学，2020.

［27］杨玉兰. 数学文化在小学数学教学中的渗透研究［D］. 开封：河南大学，2019.

［28］于嘉文. 基于数学核心素养的小学数学教学改革实践研究［D］. 沈阳：沈阳大学，2018.

［29］周淑红. 小学数学核心素养培养研究［D］. 哈尔滨：哈尔滨师范大学，
　　　2017.

［30］季胜男. 小学数学教学中创设有效问题情境的策略研究［D］. 锦州：
　　　渤海大学，2015.